착한 소비시대,
ESG경영에서 답을 찾아라!

고객의 마음을 사로잡는
ESG마케팅의 모든 것

소비자변화와
ESG경영

초판 1쇄 발행 2022년 8월 5일

지은이 지용빈, 서영욱, 박지연   **펴낸곳** 크레파스북   **펴낸이** 장미옥
편집 정미현, 김용연, 임경아   **디자인** 김지우   **마케팅** 김주희

출판등록 2017년 8월 23일 제2017-000292호
주소 서울시 마포구 성지길 25-11 오구빌딩 3층
전화 02-701-0633   **팩스** 02-717-2285   **이메일** crepas_book@naver.com
인스타그램 www.instagram.com/crepas_book
페이스북 www.facebook.com/crepasbook
네이버포스트 post.naver.com/crepas_book

ISBN 979-11-89586-47-8(03320)
정 가 14,000원

이 도서의 국립중앙도서관 출판예정도서목록CIP은 서지정보유통지원시스템 홈페이지(http://seoji.nl.go.kr)와
국가자료종합목록 구축시스템(http://kolis-net.nl.go.kr)에서 이용하실 수 있습니다.

소비자변화와 ESG경영

글 지용빈·서영욱·박지연

크레파스북

ESG,
나침반을 설정하다

2020년 3월, 세계보건기구(WHO, World Health Organization)가 인류의 모든 삶을 바꾸어 놓은 COVID-19에 대해 팬데믹(Pandemic)을 선포한지 2년여가 되었다. 이제는 다행스럽게도 여러 국가에서 엔데믹(Endemic, 풍토병) 선언을 준비하고 있다. 실외에서 마스크를 벗어도 되고, 사적모임도 예전만큼은 아니더라도 맘 편하게 할 수 있다. 음식점도 새벽까지 이용할 수 있으며, 스포츠나 영화를 관람하면서 음식도 먹을 수 있다.

그렇다. COVID-19는 자본주의 시대가 변화하고 진화하는 중에 나타난 인류 역사상 최대의 변곡점 중 하나이다. 이를 계기로 온 인류의 삶은 송두리째 바뀌게 되었다. 많은 것들이 사라졌고, 이와 함께 많은 것들이 생겨나기도 했다. 이처럼 자본주의는 한계에 부딪힐 때마다 해결점과 방향성을 찾아 지속적으로 진화해 왔다. 현재는 이해관계자들 간의 협조와 융합으로 효과적인 방향을 모색하고 있는 단계이고, 이러한 패러다임의 변화 중심에 ESG가 큰 역할을 하고 있다.

이러한 ESG의 진화는 더 광범위해지고 있다. 얼마 전 미국 전기자동차 시장의 70%를 점유하며 친환경의 대명사로 불리는 테슬라가 S&P ESG 지수에서 제외되는 아이러니한 일이 발생했다. "세계 최대의 친환경 전기자동차 회사가 왜? 그럼 어떤 회사가 들어갈 수 있는거지?" 하는 질문을 할 수 있겠지만, 이면을 살펴보면 수긍할 수 있을 것이다. 테슬라가 이번 지수에서 제외된 것은 제조공장의 열악한 근로환경과 인종차별, 비즈니스 행동규범 부재 등이 주요 원인이었다. 테슬라의 전기자동차가 도로 위에서 배기가스를 줄여 환경에 기여하고 있지만, S(사회)와 G(지배구조) 측면에서는 부족하다는 것이다. 이 지수가 발표된 2022년 5월 19일 테슬라의 주가는 6.80% 급락하며 장을 마감했다.

소비자들의 변화도 참으로 놀랍다. 문화와 심리의 차이로 서로 부정하기도 했던 각 세대들이 '진정한 나를 찾아서, 행복한 나를 만드는' 공통된 트렌드로 하나가 되고 있는 것이다. 그동안 정부와 기업들에게 끌려다닐 수밖에 없던 소비자였지만 이제는 당당해졌다. 그들이 옳지 못하다고 생각이 들면 각자의 힘을 모아 호되게 혼쭐을 내기도 하고, 옳다고 생각하면 '참 잘했어요'라며 칭찬 도장을 무한 찍어주기도 한다.

특히 친환경, 공정사회, 투명한 지배구조 등 ESG와 관련된 일에는 더욱 민감해지고 있다. 커피를 주문할 때는 텀블러와 종이 빨대를 사용한다. 그런데 만약 이 커피 회사가 아프리카 농장에서 공정하지 않은 방법으로 커피원두를 가져왔다거나, 자금횡령 등의 불편한 얘기들이 언론에 나오면 바로 불매운동을 한다.

"산업계, 학계, 공공기관의 전문가 세 축이 모여 ESG와 소비자를 고민하다"

2019년 여름, 산업계, 학계, 관련 공공기관에 몸담고 있는 필자들 중 한 명은 박사학위 논문을 고민하고 있었고, 다른 한 명은 그 논문을 지도해야 했다. 그리고 공공기관에 재직 중인 한 명은 사회공헌에 대한 획기적인 전략이 필요했다. 그 당시 탄소중립 등의 환경문제, 사회적 공헌 등의 사회문제, 투명한 경영 등의 지배구조문제 등에 대한 현장의 수요가 민감하게 작용하고 있었다. 즉, ESG였고 이 키워드가 필자들의 눈에 밟히기 시작했다.

하지만 무엇을 어떻게 준비해야할지 갈피가 잡히지 않았다. 그도 그럴 것이 ESG는 미국, 유럽 등의 서방 선진국들에서는 이미 크게 화두가 되고 있었지만, 2019년 당시만 해도 국내에서는 꽤나 생소한 용어였기 때문이었다.

이러는 와중에 COVID-19가 창궐하기 시작했고, 전세계적으로 ESG에 대한 관심도가 폭증하게 되었다. 물론 블랙록 래리 핑크 회장의 연례 서한이 크게 영향을 미쳤고, 국내에서는 대기업 총수들이 앞다퉈 신년사를 통해 ESG를 목표로 삼았던 것이 한몫 했을 것이다.

이를 기점으로 ESG에 대한 필자들의 확신은 더욱 굳어졌고, 본격적으로 연구를 진행하게 되었다. 수백 편의 관련 논문 및 저서들을 분석했다. 그리고 각자의 영역에서 필요한 부분들을 고민하게 되었다.

"왜 ESG를 소비자 관점에서 바라본 연구와 책은 별로 없는 걸까?"
"왜 ESG는 일반인들이 접근하기 어려운 걸까?"

그렇다. 실제 ESG에 관련된 선행연구와 저서들을 살펴보면, 대다수
가 투자자 관점에서 바라본 것들로 한정되어 있다. 즉, ESG와 소비자
행동 간의 상호관계나 영향을 다루는 연구와 저서들은 미비하다는 것
이다. 그렇기 때문에 내용이 무거울 수밖에 없고, 일반인들이 접근하기
에 어려울 수밖에 없는 것이다.

"소비자 관점에서 바라본 ESG를 일반인들도 쉽게 이해할 수 있게 해보자"

산업계, 학계, 관련 공공기관의 이해관계자인 필자들이 고민하여 내
린 결론이었다. 이 한 문장을 바탕으로 이 책은 시작되었다.

ESG는 우리들의 일상에 필연적으로 들어올 수밖에 없다. 물론 기업
들의 ESG경영, 투자자들의 ESG투자, 정부의 ESG정책수립 등도 모두
중요하다. 하지만 이에 앞서 ESG를 소비자 측면에서 판단하고 방향성
을 수립하는 '소비자 관점의 ESG'를 살펴보는 것이 가장 중요하다는
것이 필자들의 생각이다. 이 책을 쓰게 된 가장 큰 목적이기도 하다.

이 책은 그동안 기업과 투자자 관점 등에 한정되어 논의해 왔던 기
존의 책들보다는 좀 더 편하게 다가가기 위해 풍부한 사례를 중심으

로 기획하고 구성하였다. 그리고 실제 소비자들을 대상으로 수행한 설문조사 결과를 바탕으로 한 실증연구의 내용을 담았기 때문에 좀 더 와닿을 것이다. 본문은 총 4장으로 구성되어 있다.

1장은 ESG를 위해 대기업, 중소기업, 스타트업들이 알아야 할 것들로 시작한다. 그리고 자본주의의 진화와 새로운 자본주의를 통해 나타난 ESG의 탄생과 진화 그리고 ESG로 배운 뼈아픈 실패와 값진 변화를 사례를 통해 설명하였다.

2장은 소비자 트렌드와 실제 소비자들을 대상으로 연구한 내용이다. 세대별 소비자 심리 및 문화의 변화와 함께, ESG와 관련된 7가지 트렌드에 대해 살펴보고 닮은 듯 닮지 않은 각 세대별 소비자들이 '진정한 나'를 어떻게 찾아가고 있는지를 담았다. 그리고 그들이 ESG와 관련하여 어떤 구매행동을 보이는지 살펴보았다.

3장에서는 소비자 관점에서 ESG의 성공적인 사례를 통해 기업들이 좀 더 나은 소비자 가치를 창출하기 위해 어떻게 대응했는지 살펴보았다. 독자들의 이해도를 높이기 위해 글로벌 기업, 국내 기업 그리고 중소기업 및 스타트업 등으로 구분하여 구성하였다.

마지막으로 4장에서는 ESG를 수행하려는 기업, 정부·기관, 소비자들에게 인사이트를 주기 위해 필자들의 경험 등을 바탕으로 제언하는 것으로 마무리했다.

바야흐로 ESG도 자본주의처럼 해결점과 방향성을 찾기 위해 진화하고 있다. ESG경영을 하느냐 마느냐를 논하는 ESG 1.0에서, 어떤 전략과 방향성을 갖고 누가 얼마나 더 잘하느냐를 평가하는 ESG 2.0시대가 온 것이다. 그리고 ESG를 추구하는 소비를 함으로써 직·간접적으로 영향력을 행사하는 ESG슈머 또한 그 진화에 이미 동참하고 있다.

사실 소비자 관점으로 바라본 ESG 관련 연구와 도서가 별로 없는 상황에서 책을 쓴다는 게 다소 부담스럽긴 했다. 하지만 전 세계적으로 COVID-19 봉쇄가 해제되고, 일상으로 빠르게 돌아오고 있는 상황에서 그 동안 덮어두었던 문제들이 떠오를 것이고, 이에 대한 방향성을 ESG에서 그려볼 수 있다고 판단했다. 그래서 산업계, 학계, 관련 공공기관에 몸담고 있는 세 축의 저자들이 모여서 고민했고, 충분히 해볼 만한 가치가 있다고 믿고 저술을 진행한 것이다.

모든 책이 그렇지만 이 책 또한 홀로 완성되지 않았다. 이 책 한 권이 나오기까지 격려해 주시고 지원해 주신 크레파스북 장미옥 대표님, 정미현 편집장님 및 관계자분들께 먼저 감사 인사를 전하고 싶다. 그리고 집필하면서 늘상 같이 고민해 주고, 좌절할 때마다 용기와 격려를 아끼지 않았던 테스경영컨설팅 안철 수석연구원께도 감사를 전한다.

끝으로 이 책을 읽으시는 모든 분들께 ESG와 관련된 경영이든 투자든 정책수립이든 소비자 행동이든 미력하게나마 도움이 되었으면 한다. 이 책을 선택해 주신 분들께 진심으로 감사드리며, Post COVID-19 시대에 효과적인 나침반이 되기를 기대해 본다.

2022년 7월

지용빈 · 서영욱 · 박지연

Contents

Environment ──────────────────────────

Part 01

활짝 열린
ESG 시대,
무엇을 준비할까?

ESG경영을 위해
알아야 할 것들

새해가 되면 기업들은 신년사를 발표한다. 보통 향후 목표와 비전, 경영철학 그리고 무엇에 집중하려는지 등 그 해의 경영 방향을 담고 있다. 2022년 국내 기업들이 발표한 신년사의 주요 키워드는 '고객경험', '탈탄소', '조직문화'이다. 그렇다면 2021년에는 어땠을까? '고객', '사회', '환경', '안전' 등이 공통적으로 많이 언급되었다.

그렇다. ESG라는 주제는 최근 2년간 기업들의 신년사를 관통해왔다.

우리는 흔히 기업의 가치를 판단할 때 매출과 성과를 기준으로 한다. 매출액이 얼마이고, 그 매출을 달성하기 위해 얼마의 비용을 썼으며, 그로 인해 남은 이익은 얼마인지 등으로 판단할 것이다. 이를 두고 '재무적 성과'라고 말한다.

그렇다면 기업의 가치는 숫자로만 판단되는 것일까? 그렇지 않다. 재무적 성과 외에 '비재무적 성과'도 기업가치를 구분 짓는 주요한 잣대가 된다. 비재무적 성과를 구성하는 대표적인 요소가 바로 ESG이다. ESG는 각 단어의 영문 첫 글자를 조합한 것으로 환경(Environment, 친환경 경영), 사회(Social, 사회적 책임), 지배구조(Governance, 투명한 지배구조)를 말하며 각 요소를 통해 기업성과와 관련된 주요 지속가능성 및 사회적 영향을 측정한다.

먼저 환경(E)에서 가장 핵심적인 기준은 기후변화와 탄소배출 관련 이슈이다. 전 세계의 지속가능성과 생존을 위해 기업은 적극적인 탄소배출 절감을 추구해야만 하는 상황에 직면하고 있다. 이러한 환경 관련 기준은 기후변화와 탄소배출, 환경오염과 환경규제, 생태계와 생물 다양성, 자원과 폐기물 관리, 에너지 효율, 책임있는 구매 및 조달 등으로 구분할 수 있다.

사회(S) 측면의 기준은 지역사회, 주변 조직 등과 기업의 관계성 이슈 등을 들 수 있다. 구체적으로 고객만족, 데이터 보호와 프라이버시, 인권·성별·평등 및 다양성, 지역사회 관계, 공급망 관리, 근로자 안전 등으로 구성되어 있고, 기업은 이 요소들과 긍정적인 관계 구축에 힘써야 한다.

그리고 지배구조(G)의 투명성은 환경과 사회 측면의 가치를 기업이 실현할 수 있도록 투명하고 신뢰도 높은 조직을 구축하는 것이다. 즉, 기업은 이사회 및 감사위원회를 구성하여 뇌물 및 반부패, 로비 및 정치기부, 기업윤리, 공정경쟁 등의 요소를 관리하고 준수함으로써 높은 지배구조 가치를 확보할 수 있는 것이다.

기업은 ESG경영을 통해 환경과 사회에 미칠 수 있는 선한 영향력을 강화하고, 지배구조 안정을 기반으로 효율성을 높여 지속가능한 성장 기반을 다지게 된다. 기업들의 ESG가치는 장기적으로 재무적 성과에 긍정적인 영향을 미칠 수 있어 전반적인 기업의 경영목표 및 활동에까지 영역이 확대되고 있는 추세다. 또한 이전에는 주로 기관투자자들이 투자 시 고려해야 할 요소로 기업의 ESG를 분석했으나, 최근에는 일반소비자들까지도 ESG를 토대로 기업의 가치와 이미지를 판가름하고 있다. 즉, ESG를 무시하고는 기업의 수익과 가치창출이 어려운 세상이 된 것이다.

| ESG가 품은 기업가치와 성과 |

"ESG가 스테로이드를 맞은 듯 폭증하고 있다"

2020년 9월 14일, 영국의 일간경제신문인 파이낸셜타임즈에 기고된 'Opinion ESG Investing'에 쓰였던 표현이다. 전 세계적으로 자본시장에 ESG 바람이 거세게 불면서 자본주의 시장경제에서는 ESG와 기업가치 그리고 성과와의 상관관계에 관심을 가질 수밖에 없게 됐다. ESG가 기업가치를 높일 수 있는 요소라면 하지 않을 이유가 없기 때문이다.

여기 ESG 강화를 위해 사명은 물론 사업 분야까지 변경해 성공한 기업이 있다. '동에너지(Danish Oil and Natural Gas: DONG Energy)'는 1972년 덴마크 정부가 설립한 덴마크 최대 발전회사이다. 그런데 2017년, 그들은 회사 이름을 전혀 다르게 바꾸게 된다. 사실 기업 측면에서 사명을 바꾼다는 것, 더군다나 전혀 다르게 바꾼다는 것은 엄청난 의지이며 결정이다. 왜냐하면 그동안 브랜드에 쏟아부은 천문학적인 비용을 포기하고 다시 새로운 브랜드에 그만큼의, 아니 그 이상의 비용을 쏟아부어야 하기 때문이다. 그럼에도 불구하고 그들은 DONG이라는 이름이 그들의 정체성을 반영하지 못한다는 결정을 내리고, 2017년 오스테드(Ørsted)로 바꾸게 되었다. 오스테드는 전자기장을 발견한 덴마크 과학자 한스 크리스티안 외르스테드(Hans Christian Ørsted)의 이름에서 따온 것으로 친환경 에너지 기업이 되겠다는 의지를 담고 있다. 이를 위해 오스테드는 그 동안 캐시카우였던 석유 사업부문까지 전부 매각하고 친환경 해상풍력 발전에 집중하며 새로운 기업으로 거듭났다. 이 결과 2016년 약 5만 원 정도였던 오스테드 주가는 2020년에는 3배 이상 오른 15만 원대로 껑충 뛰었다.

국내 기업들의 평가에서도 ESG가 기업가치와 성과에 대해 미치는 영향도를 살펴볼 수 있다. 가장 눈에 띄는 기업은 네이버이다. ESG 전 부문에서 선도그룹으로 평가되어 2020년 'A' 등급에서 2021년에는 국내 기업 중 유일하게 최고 등급인 'AAA'를 받았다. 글로벌기업으로는 마이크로소프트, 엔비디아 등이 받는 등급이다. 2030년까지 인터넷데이터센터(IDC) 사용 전력의 60%를 재생에너지로 대체, 네이버 스마트스토어 입점 기업을 대상으로 친환경 서비스(친환경 종이포장재 사용, 과대포장 방지 등) 제공 등의 적극적인 ESG활동과 정책이 주효한 것으로 분석되었다.

JP모건, 골드만삭스와 함께 세계 3대 투자은행으로 손꼽히는 미국의 다국적 투자은행 모건스탠리는 자회사인 모건스탠리 캐피털 인터내셔널을 통해 1970년 이후부터 세계 자본지수들을 산출해 발표하고 있다. 이것이 바로 글로벌 주가지수이며, 세계 각국의 펀드가 자금 운용의 근거로 삼고 있는 MSCI(Morgan Stanley Capital International) 지수이다.

MSCI는 ESG 중요성이 증가함에 따라, 1999년부터 3대 ESG 지수로 꼽히는 'ESG Leaders Index'를 발표하고 있다. 이 지수를 추종하는 운용자금 규모만 1,000억 달러(약 121조 5,500억 원)가 훌쩍 넘을 정도여서 투자업계에서는 강력한 영향력을 미친다.

뱅크오브아메리카의 'ESG from A to Z'라는 2019년 연구 결과를 보면, ESG가 기업가치와 성과에 얼마나 중요한지 조금 더 눈치를 챌 수 있다. MSCI의 ESG 평가가 높은 상위 20%의 기업과 낮은 하위 20%의 밸류에이션 프리미엄(Valuation Premium)*은 2014년부터 2017년까지는 약 1~2배 정도의 차이밖에 보이지 않았으나, 2019년부터는 약 5배 차이까지 벌어졌다고 분석했다. 이를 통해 ESG가 기업의 실제적인 가치와 성과에 강력한 영향력을 미치는 것을 확인할 수 있다.

* 밸류에이션 프리미엄
  기업의 가치에 따라 일정한 가격 등의 프리미엄을
  더 많이 주는 것

2020~2021년 국내 주요기업의 MSCI ESG 평가 등급

	2020년	2021년
AAA(탁월)	-	네이버
AA	SK, 신한지주	코웨이, SK, 신한지주
A	삼성SDS, 삼성전자, LG전자, 네이버	SK하이닉스, LG전자, 삼성전자, SK이노베이션
BBB	SK하이닉스, 삼성전기, LG이노텍, 코웨이, GS건설, SK이노베이션	삼성전기, LG이노텍, GS건설
BB	한국전력, 대한항공, 현대글로비스	한국전력, 대한항공, 현대글로비스
B	현대자동차, 이마트, 현대모비스	현대자동차, 이마트
CCC (부진)	현대제철, 포스코, 삼성중공업	현대제철, 포스코, 현대모비스, 삼성중공업

이처럼 ESG가 중요한 만큼 기업의 가치와 성과에도 많은 영향을 미치고 있는 것이 사실이다. 하지만 이러한 긍정적인 상관관계만 있다면 우리가 이처럼 ESG를 강조할 필요는 없을 것이다. 즉, '양날의 검'과 같이 분명 부정적인 부분도 존재한다. '너무 과한 ESG'로 인해 오히려 역효과를 초래한 글로벌 식품기업 다논(Danone)처럼 말이다.

ESG는 분명 중요하다. 하지만 ESG의 추구가 기업가치와 성과를 증대시킨다는 포괄적인 결과만 볼 것이 아니라 가치와 성과를 증대시키는 연결고리가 무엇인지도 파악해야 한다. 그리고 어떤 작용에 따라 그 효과를 가져올 수 있는지에 대한 구체적이고 현실적인 분석을 통해 실효성 있게 적용하고 발전시켜 나갈 필요가 있을 것이다. 이러한 적극적인 ESG활동을 통해 허울뿐인 '레몬마켓*'이 아닌 '피치마켓*'으로 ESG가 작용하길 기대한다.

| 중소기업의 ESG 전략 |

ESG영역이 중요하다는 것은 잘 알고 있다. 하지만 현실적으로 ESG 활동으로 인해 기업가치와 성과가 증대되는 효과가 나타나기까지 많은 시간이 소요된다. 그렇기 때문에 자본력이 풍부하고 이를 장기간 감당할 수 있는 글로벌기업, 대기업 위주로 이루어지는 것이 사실이다. 실제 S&P 500에 속한 기업의 약 90%가 CSR, ESG 등의 지속가능보고서를 매년 발간한다. 글로벌 또는 대기업들에게는 이 보고서 발간이 일반적으로 이루어지는 관행 중 하나이지만, 상대적으로 물적·인적자원 등이 적은 중소기업은 약 30% 정도만 이 보고서를 발간하고 있다.

* 레몬마켓
  가격 대비 저품질 상품이 가득한 시장. 오렌지와 비슷해 겉모습은 탐스럽지만 먹는 순간 강렬한 신맛 때문에 먹을 수 없는 레몬에서 유래. 중고차 시장이 대표적인 레몬마켓.

* 피치마켓
  가격 대비 고품질이 가득한 시장. 가격이 투명하고 합리적이며 거래되는 상품 또한 양질인 시장. 보기에도 탐스럽고 맛도 달콤한 과일인 복숭아에서 유래.

중소기업중앙회 'ESG도입 환경' 관련 조사결과

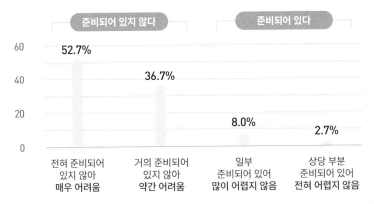

※ 중소기업중앙회 홈페이지

    2021년 중소기업중앙회에서 중소기업 대상으로 진행한 '중소기업 ESG 애로조사'에 따르면, 'ESG경영 도입이 필요하다'고 응답한 중소기업은 53.3%였고, 이마저도 77.8%가 '대기업으로부터 받은 요구' 때문인 것으로 나타났다. 많은 중소기업이 '울며 겨자 먹기'식으로 ESG경영에 대해 인식하고 있다는 것으로 풀이할 수 있다. 더 심각한 것은 도입환경에 대해 89.4%가 '준비되어 있지 않아(전혀+거의) 어렵다'고 응답한 것이다.

    이렇듯 아무리 'ESG 열풍', 'ESG 바람'이 막강하다 해도 규모가 작은 기업들에게는 먼 나라 이야기로 들릴 수밖에 없는 것이 사실이다. 하지만 대기업들이 운영 전 과정에 환경, 사회, 투명한 지배구조 등의 요소를 협력업체에 요구하는 경우가 늘어나고 있고, 글로벌기업에 대한 수출 관련해서도 ESG인증을 요구하는 정책 등으로 전환되고 있어 ESG를 배제하고 기업을 운영할 수는 없게 됐다. 결국은 중소기업을 비롯한 모든 기업들에게 ESG는 '옵션이 아닌 기본'이 되는 세상이 도래한 것이다.

2021년 중소벤처기업진흥공단이 발표한 '中企 ESG경영 대응 동향 조사'에 대한 결과와 정책적 시사점을 보면 'ESG경영 도입·실천 시 애로사항'으로 비용부담, 전문인력 부족, 가이드라인 부재, 도입 필요성에 대한 확신 부족, 다양하고 복잡한 평가기준 등이 제시됐다.

중소벤처기업진흥공단 'ESG경영 도입·실천 시 애로사항' 관련 조사결과

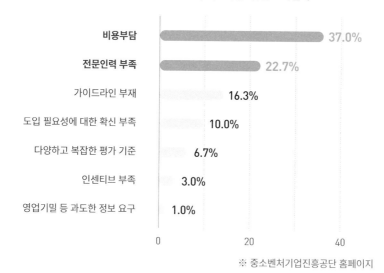

※ 중소벤처기업진흥공단 홈페이지

그렇다면 비용부담과 전문인력 부족을 겪고 있는 중소기업은 ESG를 무거운 짐으로만 여겨야 할까? 꼭 그렇지만도 않다. ESG 중 E(환경) 측면에서 살펴보면 최근 들어 정책적으로 혜택이 늘어나는 추세이다. S(사회)와 G(지배구조) 측면에서도 중소기업은 대기업에 비해 공정거래의 '주체'보다는 '객체'에 가깝다. 그리고 협력업체와의 동반성장을 위한 책임도 대기업의 것에 가깝다. 부패방지 내부원칙의 수립 또한 대기업에 비해 기업의 수나 비율 면에서 중소기업이 낮을 수밖에 없다. 상대적으로 대기업보다는 ESG를 수렴하고 성장시킬 여지가 많은 편이라고 볼 수 있다.

그렇다고 이러한 이유들이 ESG를 일종의 사치로 인식하고 있는 중소기업들에게 합리화의 수단이 될 수는 없을 것이다. E(환경) 측면에서 기존의 사업구조를 개선하여 친환경적으로 전환하기 녹록치 않고, S(사회) 요소에서는 높은 외국인 근로자 비율과 열악한 근무환경으로 개선이 쉽지 않다. 그리고 G(지배구조)에서는 공시 미흡, 감사기구 조직 및 활동 침체 등 쉽게 극복할 수 없는 요인들이 산재되어 있다. 더군다나 ESG와 연관된 산업생태계 변화에 대한 정보와 대응 능력이 부족한 것도 사실이라 중소기업이 처한 현실은 더 힘들긴 하다.

그럼에도 불구하고 이미 산업생태계에 주류로 자리 잡고 있는 ESG경영은 중소기업들에게도 생존에 필요한 요소라는 것을 부정할 수 없는 상황이다. 공급사슬을 통해 대기업에 직접적으로 연결되어 있기 때문에 협력업체인 중소기업들은 간접적으로 ESG의 영향을 받을 수밖에 없다. 향후 외부자금조달 측면에서도 이들의 ESG경영은 큰 영향을 줄

것으로 예상된다. 그렇기 때문에 현재의 상황을 '대기업이나 할 수 있는 사치'로 인식하기보다는 중소기업도 적극적으로 참여해야 하는 '시대의 조류'로 인식할 필요가 있다.

| 스타트업, 더 멀리 날고 싶다면 ESG 날개를 달아라 |

지난 2022년 2월, 국내 스타트업 생태계를 활성화하기 위해 설립된 민간 비영리기관인 스타트업얼라이언스(Startup Alliance)에서 발간한 'The Big Wave : ESG, 2021~2022 스타트업 투자사 인식조사 보고서'에는 투자사들이 스타트업 투자에 대해 응답한 내용이 있다.

'스타트업 투자 생태계의 ESG 관심도'는 100점 만점에 70점 수준으로 나타났고, 'ESG요소 중 향후 5년간 가장 많이 고려할 요소'로 '친환경제품 개발 및 특허 획득(35.3%)', '온실가스 배출 및 대기오염 관리(29.5%)', '에너지 사용 및 관리(29.5%)' 등을 꼽았다.

ESG에 대한 투자자들의 관심이 높으니 제품생명주기(PLC, Product Life Cycle)에서 이제 막 걸음마를 뗀 스타트업도 ESG를 고민할 수밖에 없는 상황에 놓였다. 뭘 해도 힘겨운 창업 초기에 ESG까지 챙겨야 하는 것이 쉽지 않지만, 시작부터가 혁신적인 그들에게는 오히려 새로운 기회를 창출하고 경쟁우위를 만들어 낼 계기가 될 수도 있다.

현재와 미래 주목하는 ESG 항목

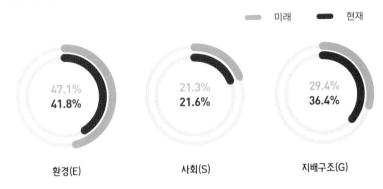

미래   현재

47.1% **41.8%**	21.3% **21.6%**	29.4% **36.4%**
환경(E)	사회(S)	지배구조(G)

투자 단계 ESG 고려 항목 TOP3

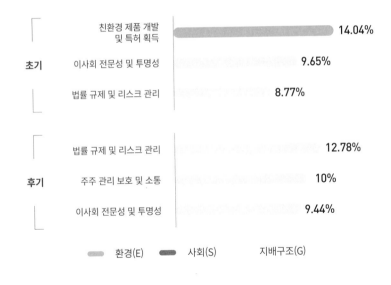

초기

친환경 제품 개발 및 특허 획득	14.04%
이사회 전문성 및 투명성	9.65%
법률 규제 및 리스크 관리	8.77%

후기

법률 규제 및 리스크 관리	12.78%
주주 관리 보호 및 소통	10%
이사회 전문성 및 투명성	9.44%

환경(E)   사회(S)   지배구조(G)

※ The Big Wave : ESG, 2021~2022 스타트업 투자사 인식조사 보고서

2016년에 설립된 친환경 세제 제조 스타트업인 '동구밭'이 좋은 예가 될 것이다. 이 회사는 시작 자체가 ESG였다. 직원의 50% 이상을 발달장애인으로 고용하여 텃밭에서 나온 재료를 사용해 천연세제와 비누를 생산·유통하고 있다. 2017년 세제 속 미세 플라스틱 검출 문제가 불거지면서 이 회사가 주목받기 시작했고, 6억 원 매출에서 2021년에는 100억 원을 돌파하며 17배 가까운 성장을 이루기도 했다. 이 외에도 파력발전의 기술력으로 새로운 재생에너지 확산을 찾고 있는 '인진', 버려지는 자동차 시트, 벨트 등을 업사이클링하여 프리미엄 가방을 만드는 '모어댄', 잘 팔리지 않는 못난이 농산물을 소비자에게 연결하는 '파머스페이스' 등은 '동구밭'과 마찬가지로 태생부터 ESG였고, 앞으로도 ESG로 수십억 원의 투자를 받으며 성장할 것이다.

스타트업은 부족한 부분이 많은 것이 당연하다. 그렇다고 그 부족한 부분을 메꾸기 위해 기존의 고착화된 틀에 얽매일 필요는 없다. ESG에 대한 초심만 잊지 않는다면 앞으로 투자는 더 많이 받을 것이고, 그에 따라 기업도 승승장구할 것이라 믿어 의심치 않는다.

| 돈보다 ESG, 자본주의에 부는 새 바람 |

자본주의는 우리가 이토록 편하게 살 수 있도록 만들어준 위대한 발명 중 하나다. 사유재산의 개념은 기업의 이윤추구 극대화를 당연시했고, 자유로운 시장교환을 통한 경제성장은 우리의 삶을 양적으로나 질

적으로나 풍요롭게 만들어 주었다. 하지만 그 이면에는 개발지상주의의 환경파괴, 개인주의와 소득의 양극화로 인한 사회갈등, 사회성 부재로 인한 제도의 붕괴 등 여러 가지 문제들을 빚어낸 것도 사실이다.

자본주의는 시대별로 한계에 다다랐을 때마다 방향성과 해결점을 찾아 지속적으로 진화되어 왔다. 누구의 개입도 없이 가만히 놔두면 경제가 잘 굴러갈 것이라는 '자본주의 1.0'은 부의 분배와 불균형적인 경제의 한계가 드러나면서 정부가 강력하게 개입했다. 이러한 변화로 나타난 '자본주의 2.0'은 세계 경제의 질서를 바로잡고 호황을 이끌었지만, 정부의 지나친 간섭으로 실제 경제발전으로 이어지지 못했다. 그래서 다시 '자본주의 1.0'으로 일부 회귀하게 된 '자본주의 3.0'은 규제 없는 자유로운 경쟁을 통해 IT와 금융산업 등을 크게 발전시켰다. 하지만 탐욕적 금융자본주의가 발목을 잡아 2007년 서브프라임 모기지 사태, 2008년 리먼브러더스 파산 등의 세계 금융 위기가 일어나 몰락하게 됐다.

지금은 기업, 정부, 소비자들 간의 협조와 융합으로 솔루션을 찾고자 하는 '자본주의 4.0' 시대이다. 지난 시대의 이데올로기 갈등보다는 협조와 융합으로 방향성과 솔루션을 찾으려고 하고 있다. 에너지 등의 환경문제, 인권·노동 등의 사회문제, 부정부패·투명성 등의 지배구조문제 등에서 기업과 소비자를 포함한 시장과 정부 간의 유기적인 협력이 반드시 필요한 시대가 된 것이다. 과거와 같이 이러한 문제들을 전적으로 시장 또는 정부에 맡겨 두기에는 분명 어려운 시대이다.

세계대공황, 1·2차 오일쇼크, 스테그플레이션 사태, 세계금융위기 등의 엄청난 사건들이 터지면서 자본주의 위기를 경험한 까닭에 COVID-19 팬데믹 이후 저성장과 불확실성이 일반화된 현 상황에서 또 다른 자본주의의 출현은 어쩌면 당연한 것일 수도 있다. 그렇기 때문에 자본주의의 거대한 변화는 이미 시작되었다고 할 수 있다.

세계적인 사회학자이며 예일대학교 석좌교수였던 이매뉴얼 월러스틴(Immanuel Wallerstein) 교수는 자신의 저서 『유토피스틱스(Utopistics)』에서 "자본주의 체제는 지금 소멸 단계에 와 있다. 더 이상 정상적으로 작동할 수 없는 위기상황이 왔으며, 우리는 보다 나은 새 체제로 넘어가는 이행기를 맞고 있다."라고 언급했다.

이러한 자본주의의 변화에 ESG가 결부되어 있음은 부정할 수 없다. ESG와 함께 자주 언급되는 용어는 '주주(Stockholder) 자본주의'와 '이해관계자(Stakeholder) 자본주의'이다. 2008년 세계금융위기 이후 '이해관계자 자본주의'가 본격적으로 대두됐다.

이해관계자 이론은 버지니아대학교 에드워드 프리만(Edward Freeman) 교수의 이론으로 주주, 내부 고객(종업원), 외부 고객 및 공급자 등의 범위를 넘어 이해관계자에 대한 의미를 확대시켰다. 이후 2002년에는 기존 이해관계자에 NGO, 정부, 미디어, 비평가 및 기타 이해관계자 등 주목할 만한 압력집단을 추가했다. 이는 기업의 사회적 책임에 대한 모델을 파악하는 것이 목적이었다. 그리고 기업이 사회적 책임에서 우수한 성과를 내기 위해서는 이해관계자를 중요 전략수립의 일부로 인식해야 한다는 실용주의적 접근법을 제공하기 위한 것이었다. 즉, 기업은 주주뿐 아니라 모든 구성원들에게 관심을 기울이고 관리해야 한다는 뜻으로, 사회적 가치와 이해관계자의 이익을 기업 경영에 반영하고 실행에 옮기는 것이 기업의 책임이 된 것이다.

"기업의 주인은 누구라고 생각하는가?"라는 질문을 받았다면 어떤 답을 해야 할까? 주주 이익에 초점을 맞추었던 자본주의 2.0 시대라면 기업의 주인은 '주주'가 맞을 것이다. 하지만 현재의 조류는 달라졌다. 사회적 가치와 이해관계자의 이익을 기업 경영에 반영하고 실행에 옮기는 것이 흐름이 된 시대다.

환경, 사회, 지배구조를 말하는 ESG와 이해관계자는 불가분의 관계이기 때문에 결국 ESG 안에서 시대에 맞는 새로운 자본주의의 방향을 찾고 이를 통해 수익창출의 해답을 구해야 할 것이다.

거스를 수 없는 ESG 흐름, 탄생부터 진화까지

시장경제는 자연에서 물질과 에너지를 취하고, 기업이 제품을 만들며, 소비자가 그 제품을 사용하고, 다 쓰면 버리는 순서로 순환한다. 이러한 회전이 빨라질수록 기업은 성장할 수 있고 시장경제는 더 발전한다. 시장경제는 이러한 순환을 더 빨리 돌리기 위해 자연을 무분별하게 사용했고, 그 때문에 환경과의 균형은 무너지기 시작했다.

2022년 2월 28일, 기후변화에 관한 정부 간 협의체(IPCC, Intergovernmental Panel on Climate Change)는 '기후변화의 영향과 적응 그리고 취약성(Impacts, Adaptation and Vulnerability)'이라는 제목의 보고서를 통해 "기후변

화로 인류 26억 명이 감염병 위협에 처할 것이다."라고 경고했다.

세계 각국의 기상학자, 해양학자, 빙하 전문가, 경제학자 등 3천여명의 전문가가 활동하고 있는 IPCC는 UN환경계획(UNEP, United Nations Environment Programme)이 1988년에 공동으로 설립한 것으로 그때부터 기후변화가 미래 인류의 삶에 큰 영향을 미칠 것을 예견했다고 볼 수 있다. IPCC의 주된 활동 중 하나는 UN기후변화협약(UNFCCC, United Nations Framework Convention on Climate Change) 및 교토의정서의 이행과 관련해 특별보고서를 작성하는 일이다. 기후변화 문제의 해결을 위한 노력이 인정되어 2007년 노벨 평화상을 수상하기도 하였다.

| E의 등장 : 환경보호 위해 기업이 발 벗고 나선 이유 |

자본주의의 발전에 무임승차하면서 필연적으로 초래된 환경파괴로 인해 ESG의 환경(E)은 발전해 왔다. 기업이 갖고 있는 환경보호에 대한 시각과 개념 그리고 이를 유지하기 위해 어떠한 영향력을 행사하는지 여부가 기업가치에 큰 영향을 주고 있다.

온실가스는 전 세계가 우려하는 가장 큰 환경문제 중 하나다. 1896년, 스웨덴의 물리화학자 스반테 아레니우스(Svante Arrhenius)는 이산화탄소 농도가 2배 상승하면 지구 온도는 5~6℃ 상승하게 된다는 내용의 논문을 스톡홀름 물리학회에 기고했다. 그 후 1세기가 지나자 세계는 온실가스에 의한 지구 온난화로 인해 커다란 위기가 닥쳐오고 있음을 알게 되었고, 국제연합을 비롯한 모든 나라가 적극적으로 대책을 세우고 있다.

2000년, 영국에서는 35개 유럽 권역 투자자들의 후원으로 탄소공개프로젝트(CDP, Carbon Disclosure Project)라는 비영리기구가 설립되었다. 이기구는 기후변화가 기업에 심각한 위기와 중대한 기회가 될 수 있다는인식을 공유하고, 기후변화가 기업에 미치는 영향에 관한 정보수집을주목적으로 운영된다.

CDP는 전 세계 9,600여 개의 주요 기업에 기후변화, 수자원, 산림자원 등의 이슈와 관련해 온실가스 배출량 감축목표와 전략, 취수량과 사업상 중요도 및 산림훼손, 원자재 관련 정책 의사결정 구조 등에 관한 정보공개를 요구하고 있다. 그리고 그 정보를 분석해 투자자와 금융기관들에게 제공한다. 이렇게 매년 발표되고 있는 평가 결과는A~D등급으로 나뉘고, 전 세계 투자자 및 금융기관의 투자 의사결정을 위해 중요한 정보로 사용되고 있다.

환경에 대한 관심이 높아지면서 기후변화 관련하여 정보공개의 국제표준화를 마련해야 할 필요성이 대두되었다. 2007년 1월, 세계경제포럼(WEF, The World Economic Forum)에서 이에 대한 대응을 논의하기 시작했다.탄소공개프로젝트를 주축으로 관련 단체들이 기후변화 관련 정보공개의 국제 표준화 필요성에 의해 컨소시엄 조직을 설립한 것이 바로 기후공시표준위원회(CDSB, Climate Disclosure Standards Board)이다. 이후 2010년, 정보공개 프레임워크 초안을 발표한 뒤로 계속해서 업데이트하고 있으며,현재 전 세계 32개국 374개 기업이 해당 프레임워크를 사용하고 있다.

2020년 9월에는 지속가능성 정보에 대한 표준을 대표적으로 제공하는 빅5가 뭉쳐 '비재무 정보공시 글로벌 표준'을 마련하기로 합의하였으며, 2022년 6월까지 초안을 발표하기로 했다. 참고로 가장 대표적인 지속가능성 표준은 1997년 도입된 글로벌 보고 이니셔티브(GRI, Global Reporting Initiative)였으나, 2011년 지속가능회계기준위원회(SASB, Sustainability Accounting Standards Board)가 혜성처럼 등장했고, 2020년 초 블랙록에서 기업들에게 이 기준을 권고할 정도로 자리를 잡고 있다.

최근에는 글로벌 기업들이 'RE100'으로 뜻을 모았다. 'Renewable Energy 100%(재생에너지 100%)'의 약어로 2050년까지 기업이 사용하는 전력량 100%를 석유화석연료 대신 태양열, 태양광, 바이오, 풍력, 수력, 지열 등의 재생에너지 전력으로 충당하겠다는 목표의 자발적인 국제 캠페인이다.

RE100은 2014년 영국의 비영리단체인 기후그룹(The Climate Group)과 탄소공개프로젝트(CDP)가 처음 제시했다. 이 캠페인에 참여한 기업들은 가입 후 1년 안에 이행 계획을 제출하고 매년 이행 상황을 점검받아야 한다. 그리고 재생에너지 비중을 2030년 60%, 2040년 90%로 올려야 자격이 유지된다.

2022년 6월 기준으로 구글, 애플, 제너럴모터스, 이케아 등 내로라하는 글로벌 기업 370개가 RE100에 가입했다. 지역별로는 유럽과 미국이 가장 많으며, 비제조업 비중이 80.8%(282곳)에 달한다. 한국 기업 중 RE100에 가입한 곳은 SK그룹 계열사 8곳과 현대자동차, LG에너지솔루션, 고려아연 등 19곳 정도이다.

환경보호와 함께 멸종위기에 처한 야생 동·식물의 보호도 중요하다. 1948년에 국제연합의 지원을 받아 세계자연보전연맹(IUCN, International Union for Conservation of Nature)이 설립되었다. 자원과 자연보호는 물론 멸종위기의 야생 동·식물을 보호하기 위한 연구도 병행하고 있다. 현재는 국가, 정부기관 및 NGO의 연합체 형태로 발전하여 세계 최대 규모의 환경단체로 발돋움했다. 1975년에는 야생 동·식물의 과도한 국제 거래나 불법거래로 인해 많은 야생 동·식물이 멸종위기에 처하자 국제적인 환경보호 노력의 일환으로 세계 81개국 참여하에 멸종위기에 처한 야생 동·식물의 국제거래에 관한 협약(CITES, Convention on International Trade in Endangered Species of Wild Fauna and Flora)이 발효되었다.

생물종 다양성(Biodivesity)은 1985년부터 사용되기 시작한 용어로 지구의 다양한 환경에 다양한 생물이 살고 있는 것을 말하며, 생태계 다양성, 종 다양성, 유전자 다양성을 포함하는 개념이다. 생물종 다양성이 풍부할수록 생태계가 건강하고 그로 인해 인류가 누리는 혜택도 늘어난다. 하지만 지구상의 모든 생물종을 관리하는 것은 쉽지 않기 때문에 이를 위해 서식지마다 생태계 유지에 상대적으로 중요한 핵심 생물종을 관리하여 생태계가 평형을 유지할 수 있도록 노력해야 한다.

UN환경계획의 친선대사이자 2007년부터 2015년까지 'TEEB' 연구를 주도한 인도계 활동가 파반 수크데프(Pavan Sukhdev)는 "생물다양성은 부자들만을 위한 사치가 아니며, 가난한 사람들에게 반드시 필요한 필수적 요소이다."라고 언급했다.

TEEB는 'The Economics of Ecosystems and Biodiversity'의 약어로 '생

태계 및 생물다양성의 경제학' 연구를 말한다. 2007년 독일 포츠담 회담에서 'G8+5' 국가 환경장관들의 제안에 따라 생물다양성 손실의 경제학에 대한 글로벌 연구 역량을 발전시키고, 생물다양성의 경제적 혜택에 대해 전 세계적으로 관심을 불러일으키기 위해 시작되었다. 2008년 5월, 빈곤과 생태계 및 생물다양성의 손실이 불가분의 관계에 있다고 제시한 중간보고서가 발표되었고, 2010년 가을에 최종보고서를 통해 친환경적인 선택이 경제적으로도 의미가 크다는 것을 증명했다.

이를 통해 생물다양성과 생태계 서비스의 지속되는 손실에 대해 대응할 수 있는 실현 가능한 정책 제시를 목표로 하고 있으며, 생태학 및 경제학 그리고 정책과 관련된 다양한 전문 지식 및 기술들을 함께 이끌어내고 있다.

| E와 S의 결합 : 미래 인류를 위한 선택 '지속가능성' |

환경의 균형을 깨뜨리면서까지 시장경제를 순환시키는 동안 소비자들의 수요는 늘어났고, 그들에게 제품을 공급하려는 기업들은 더 늘어났다. 결국 무분별한 가격 경쟁이 벌어졌고, 그 결과 저렴한 인건비와 자원을 통해 가격을 낮출 수밖에 없게 됐다. 이로 인해 불평등과 불공정의 심화가 초래된 것이다.

결국 자본주의의 발전과 환경보전은 함께 갈 수 없는 지경이 되었고, 환경을 위해서는 지속가능성을 수렴할 수밖에는 없는 상황이 됐다. 이것이 ESG의 E와 S가 결합된 까닭이다.

미국의 경제학자 하워드 R. 보언(Howard R. Bowen)은 1953년에 출간한 저서『Social Responsibilities of the Businessman』을 통해 기업의 사회적 책임에 대해 논했다. 그는 기업이 사회적 책임에 대한 의사결정 시 사회와 국민의 삶에 어떠한 영향을 미칠 수 있는지 파악해야 하고, 그러한 의사결정으로 인해 사회가 영향을 받게 될 것이라고 분석했다.

최근 기업의 의무를 논할 때 핵심 키워드는 지속가능성이다. 50년 전인 1972년, 인류의 미래에 대해 연구하기 위해 결성한 세계적인 비영리 미래 연구기관 로마클럽(The Club of Rome)은 '성장의 한계(Limit to Growth)'라는 보고서를 통해 '인구 급증, 급속한 공업화, 식량 부족, 환경오염, 자원 고갈 등 다섯 가지 문제로 인해 지금의 추세가 계속된다면 세계의 경제성장은 100년 이내에 멈출 수밖에 없을 것'이라고 경고하며, 미래에 이러한 파국을 맞지 않기 위해서는 지속가능발전으로 전환해야 한다고 강조했다. 여기서 말하는 지속가능발전(SD, Sustainable Development)은 미래 세대의 이익을 해하지 않고, 현 세대가 경제성장과 환경보전을 조화시켜야 한다는 것을 말한다.

기업의 사회적 책임(CSR)과 지속가능발전(SD)의 세계적인 권위자인 영국의 존 엘킹턴(John Elkington)은 "지속가능원칙이 성립하기 위해서는 기업의 경제적 이익, 사회적 이익, 환경적 이익이 밸런스를 이루며 지속적으로 발전해야 한다."라고 정의했다. 이것이 트리플 바텀 라인(TBL, Triple Bottom Line)이다. 트리플 바텀 라인은 좁은 의미에서 경제적, 사회적, 환경적 성과를 측정하고 이에 대한 보고서를 작성하는데 적용되는 기준 틀이라고 할 수 있겠지만, 넓은 의미로 살펴보면 ESG와 일맥상통하는 개념이라고 볼 수 있다.

1968년 UN무역개발협의회(UNCTAD, United Nations Conference on Trade and Development)는 '공정무역(Fair Trade)'을 화두로 꺼냈다. 공정무역이란 개발도상국을 포함한 저개발국의 생산자와 노동자가 만든 물건을 공정한 가격에 거래함으로써 그들의 경제적 자립과 지속가능한 발전을 돕고 유리한 무역조건을 제공하는 것을 말한다.

지난 수십 년 동안 자유무역(Free Trade)은 그 이론과는 다르게 선진국과 제3세계와의 불공정한 교역조건을 형성했다. 자본은 어떠한 규제도 받지 않고, 낮은 임금과 허술한 환경기준을 찾아 전 세계 국경을 자유로이 이동하며 막대한 이윤을 남겼다. 이윤만을 위해 나아가는 자본주의와 시장은 제3세계 생산자와 노동자의 윤리성 훼손과 자연환경 파괴 등에는 관심을 두지 않았다.

예를 들어 초콜릿의 주원료인 카카오는 가나, 나이지리아 등 아프리카 지역에서 많이 나는데, 이 열매를 따는 일은 주로 14세 미만의 어린아이들이 하고 있다. 이 아이들은 일주일에 100시간 가까운 노동을 하면서 매우 적은 돈을 받고 있다고 한다. 카카오 열매 400개로 겨우 200g의 초콜릿을 만들 수 있는데 정작 이 아이들 대부분은 평생 초콜릿 한 번 먹어볼 기회조차 없다고 한다. 아이들뿐 아니라 현지의 카카오 농장 주인들도 10%도 되지 않는 이익으로 희생되고 있다. 이러한 비윤리적인 행위들은 공정무역으로 인해 제법 개선되었고, 전 세계적으로 착한 소비열풍을 몰고 왔다. 공정무역은 기업에게는 이미지 개선을, 소비자들에게는 고품질의 제품을 제공하는 기준이 될 것이고 그 의미는 더욱 커질 것으로 보인다.

한편, 수익을 창출하면서도 사회나 환경문제 등을 해결하는 것을 목적으로 하는 사회적 금융 형태인 임팩트 투자(Impact Investment)가 사회문제 해결책으로 제시되고 있다. '사회성과연계채권(SIB, Social Impact Bond)'도 임팩트 투자의 한 형태로 2010년 영국에서 처음 시작되었으며 약 5년 만에 전 세계 11개국, 45개 프로젝트로 발전했다.

이는 정부가 투자자에게 위탁하여 복지사업을 진행하고 목표가 달성되면 성과급을 지급하는 방식이다. 쉽게 말해 투자자는 정부로부터 범죄, 교육, 빈곤, 문화 등의 복지사업 관련한 정책과제를 위탁받아 운영하고, 이에 대한 목표를 달성했을 때 투자자들은 원금과 성과에 비례하는 이익을 얻게 된다. 하지만 실패 시 투자자들이 투자했던 원금 손실에 대해 정부는 1원도 지급하지 않는다.

즉, '정부와 투자자'의 'Win-Win 전략'이라고도 볼 수 있다. 정부 입장에서는 기존 계획했던 사회적 복지사업에 초기 자본이 들어가지 않고 민간자본을 조달받아 충당하기 때문에 재정적 부담이 줄어든다. 투자자는 투자와 동시에 사회문제 해결에 참여할 수 있고, 만약 목표를 달성하지 못하더라도 사회적 복지사업에 기여했다는 의미를 가질 수 있다. 결국은 복지사업에 적극적으로 임하게 된다는 말이다.

이러한 사업에 록펠러 재단 등의 거대 자본이 모델개발뿐 아니라 투자도 아끼지 않고 있다. 실제로 록펠러 재단은 2009년부터 사회성과연계채권(SIB)에 관심을 갖기 시작했고, 당시에 1,000만 달러(약 107억 원)에

육박하는 예산을 따로 책정했다. 실제로는 2012년까지 해당 투자 시장의 기반을 조성하기 위해 총 4,000만 달러(약 428억 원)를 지출했다고 한다. 하지만 일각에서는 이러한 제도에 대해 그저 사회문제를 해결하기 위한 담론에만 그치지 말고, 전 세계가 안고 있는 문제들을 해결하기 위한 구체적인 방안들을 더욱 적극적으로 모색해야 할 것이라고 지적하기도 한다.

글로벌 임팩트 컨설팅기관인 프리스탠더드그룹(FSG, Free Standard Group)의 상무이사인 제프 코언(Jeff Cohen)은 한 인터뷰에서 "사회가 맞닥뜨린 고질적 문제들은 매우 복합적이기 때문에 새로운 방식의 협력을 요구합니다. 여기에 콜렉티브 임팩트(Collective Impact)가 좋은 답안이 될 수 있습니다."라고 말했다.

콜렉티브 임팩트는 2011년 프리스탠더드그룹의 창업자인 마크 크레이머(Mark Kramer)와 상무이사인 존 카니아(John Kania)가 유명 사회혁신 매체인 《스탠포드 소셜 이노베이션 리뷰(SSIR, Stanford Social Innovation Review)》 겨울호에 기고한 글을 통해 처음 등장한 개념이다. 사회문제 해결을 위해 기업, 지역사회, 사회단체를 포함한 다양한 조직이 협력하고 공동의 목표를 달성하여 그 혜택을 함께 누리는 것이 핵심이다.

그들은 콜렉티브 임팩트가 성공하기 위해서는 공통의 아젠다(Common Agenda), 측정체계 공유(Shared Measurement), 상호 강화활동(Mutually Reinforcing Activities), 지속적인 의사소통(Continuous Communication), 중추적인 지원(Backbone Support) 등이 필요하다고 주장했다.

그들의 주장처럼 사회문제 해결과 혁신은 혼자서 할 수 없다. 사회는 혁신이라는 이름으로 하루가 다르게 변화하고 있고, 그에 따라 사회문제도 더욱 복잡해지고 있다. 이러한 상황일수록 다양한 능력을 갖고 있는 이해관계자들이 함께 모여야 한다. 그래야만 사회문제를 보다 명확하고 본질적으로 해결할 가능성이 높아질 것이기 때문이다.

지구 환경보전의 주춧돌이 된 '리우회의(Rio Summit)'가 개최된 지도 벌써 30년이 지났다. 1992년 세계 각국 정상들과 민간단체들이 참가하여 지구 환경 보전 문제에 대해 논의한 국제회의인 '리우회의'에서는 '지구를 건강하게 그리고 미래를 풍요롭게'라는 슬로건 아래 지속가능한 발전에 대한 전 세계적 합의가 이루어졌다. 이때 자연과 인간, 환경보전과 개발의 양립을 목표로 한 리우회의의 기본 원칙을 담은 선언서인 리우선언(The Rio Declaration on Environment and Development)이 채택되었다.

그리고 이 회의를 통해 '지속가능한 발전(Sustainable Development)'에 대한 전 세계적 합의가 이루어지면서 도이치뱅크, UBS와 같은 선진금융기관의 제안으로 유엔환경계획 금융이니셔티브(UNEP FI, United Nations Environment Programme Finance Initiative)가 설립되었다. 이는 금융기관 간의 파트너십을 통해 지속가능발전에 기여하자는 내용으로 지속적인 업데이트가 되고 있다.

| ES에 스며든 G의 운명 : 통치에서 협치로 |

    정부에 대한 뿌리 깊은 불신으로 해외에서는 1980년대, 한국에서는 1990년 중반부터 거버넌스(Governance)라는 개념이 유행하게 되었다. 아직까지 정확한 개념정립이 되지 않았지만, 여러 이해관계자들이 공동체의 의사결정에 참여하는 체계라고 이해하면 될 것이다. 통치(Government)에서 협치(Governance)의 시대가 된 것이다.

    대내외적으로 신뢰를 잃어 결국 파산에 이르게 된 기업들이 사회적 물의를 일으키며 자본주의의 퇴보를 초래한 사건들이 발생하자 ES에 G가 자연스럽게 합치되었다고 보면 될 것이다.

    1999년 6월 1일, 스위스 제네바에서 국제노동기구(ILO, International Labour Organization) 총회가 개최되었다. 이때 제안된 국제노동기구의 21세기 목표는 '괜찮은 일자리(Decent job)'였다. 이는 '일할 보람이 있는 인간다운 일자리' 즉, 자유와 평등, 안전과 인간의 존엄성이 기반이 되는 생산적인 일자리를 남녀 모두에게 제공해야 한다는 것을 말한다. 하지만 이를 실현하기 위해서는 국제기구로서의 위상과 법적 효력을 갖출 수 있는 조약으로의 발전 등 국제적 거버넌스가 필요했다. 이를 계기로 거버넌스 촉진의 시발점이 되었다.

    2004년 국제연합의 7대 사무총장이었던 코피 아난(Kofi Annan)은 글로벌기업 50여 명의 CEO에게 편지를 보내 "지속가능한 투자를 위한 지침을 개발해 달라."고 요청했다. 이후 2년 뒤 그의 전폭적인 지원하에 세계 유수의 기관투자자, 각국 정부와 그 산하기관, 시민사회, 학계 등의 전문가들이 준비하여 현재 ESG의 시발점이 된 UN책임투자원칙(UN PRI, UN Principles for Responsible Investment)을 조직하였다.

이어 '투자분석과 의사결정과정에 ESG 이슈를 통합한다', '투자철학과 운용원칙에 ESG 이슈를 통합한다', '투자대상에게 ESG 이슈들의 정보공개를 요구한다', '투자산업의 PRI준수와 이행을 위해 노력한다', 'PRI의 이행에 있어 그 효과를 증대시키도록 상호 협력한다', 'PRI의 이행에 대한 세부활동과 진행사항을 보고한다' 등 환경, 사회, 지배구조와 관련한 이슈를 투자정책 및 의사결정 수립 등에 고려한다는 내용으로 6가지 원칙을 세웠다.

UN책임투자원칙에는 2021년 1월 기준으로 전 세계 3,615개의 투자사 및 투자기관이 가입되어 있고, 국제적인 책임투자 대상의 자산도 꾸준히 증가하는 추세이다. 이는 ESG를 투자 원칙으로 강조했다는 점에서 현재 기업 생태계에서 주목받고 있는 ESG 프레임워크의 초석을 제시했다고 볼 수 있다.

2010년 11월 1일, 국제표준화기구(ISO, International Organization for Standardization)는 기업의 사회적 책임(CSR: Corporate Social Responsibility)에 대한 국제표준인 ISO26000의 7대 핵심 주제로 '환경, 거버넌스, 인권, 노동관행, 공정운영관행, 소비자 이슈, 지역사회 참여와 발전'을 확정했다. ISO26000의 핵심 주제에서도 알 수 있듯이 기업·정부·사회단체 등이 의사결정과 활동에 있어 소속된 사회에 이익이 될 수 있도록 책임져야 하는 것을 주요 내용으로 하고 있다.

2016년부터 2030년까지 국제사회 최대의 공동 목표로 국제연합이 새롭게 설정한 지속가능개발목표(SDGs, Sustainable Development Goals)의 슬로건은 "단 한 사람도 소외되지 않는 것(No one will be left behind)"이다. 이는 기존에 다룬 빈곤, 불평등, 질병문제 등 주로 개발도상국에 해당하는 주제들을 일자리 창출, 경제성장, 지속가능성, 평화와 안보 등 모든 국가에 해당되는 주제들로 확대하여 한계를 보완하고 극복하려는 의지를 담고 있다. 그리고 인류보편문제, 지구환경문제, 경제사회문제 등 3개 분야를 17개 목표로 분류하여 설정했다. 즉, 지속가능개발목표는 특정 집단에서 달성해야 할 목표가 아니라 온 인류가 수행하고 지켜야 할 약속이라고 할 수 있다.

| ESG 표준화 :비재무적 정보에 대한 평가의 진화 |

2020년, 세계 최대 자산운용사인 블랙록의 래리 핑크 회장은 세계 기업들에게 지속가능회계기준위원회(SASB, Sustainability Accounting Standards Board) 기준의 공시 내용을 요구한 바 있다. 지속가능회계기준위원회는 2011년 11월에 설립된 비영리단체로 미국 증권거래위원회(SEC, Securities and Exchange Commission)에 보고할 기업의 공시 기준을 설정한다. 특히 미국 내 기업들의 환경, 사회, 지배구조 즉, ESG 관련 이슈에 주목하고 있으며 이를 충실히 공시할 수 있도록 하고, 산업별 지속가능성 이슈들의 우선순위를 정한 '중대성 지도(Materiality Map)'를 마련하여 활용하

고 있다.

지속가능회계기준위원회 기준의 공시는 지속가능보고서 표준시장에 늦게 등장했지만, 재무적 성과와 연결된 ESG 요소 중심의 간결한 세부 지침 등으로 인해 투자자들에게 널리 채택되고 있다. 2021년 5월 기준으로 928개 기업들이 이를 기준으로 지속가능성 공시를 하고 있으며, 2,840여 개 기업들이 이를 참고하여 지속가능보고서를 작성하고 있다.

전 세계적으로 비재무정보를 측정하고 평가하는 기관은 600여 개가 넘는다. 즉, A라는 기업이 X라는 기관에서 좋은 ESG 평가점수를 받았으나 Y라는 기관으로부터는 이보다 낮은 평가점수를 받을 수 있다는 말이다. 사정이 이렇다 보니, 국제회계기준(IFRS, International Financial Reporting Standards)처럼 기준을 하나로 통합하려는 움직임이 본격적으로 시작되었다.

2019년 8월, 181명의 글로벌기업 CEO들이 서명한 비즈니스 라운드테이블(미국 200대 대기업 최고경영자로 구성된 협의체)의 '기업의 목적에 관한 선언'과 블랙록, 스테이트 스트리트 등 글로벌 자산운용사들에 의한 지속가능성 투자지침 선언 등으로 촉발된 ESG에 대한 높은 관심이 한몫했다. "더 나은 ESG 공시가 필요하다.", "ESG 정보공시를 신뢰성 있게 만들라." 등이 주요 골자였던 것이다.

그래서 2020년 9월, ESG 등 비재무정보 공시표준을 정하는 '빅5(GRI, SASB, CDSB, IIRC, CDP)'가 지속가능성에 대한 글로벌 비재무정보의 표준과 프레임워크를 통합하기 위해 협업하기로 합의했고, 2022년 6월까지 초안을 발표하기로 했다.

Big 5

GRI
Global Reporting Initiative
글로벌 보고 이니셔티브

CDSB
Climate Disclosure
Standards Board
기후공시표준위원회

SASB
Sustainability Accounting
Standards Board
지속가능회계기준위원회

IIRC
International Integrated
Reporting Council
국제통합보고위원회

CDP
Carbon Disclosure Project
탄소공개프로젝트

하루가 다르게 변하고 있는 산업생태계와 함께 ESG 등의 비재무적 정보에 대한 평가도 이에 발맞추어 진화하고 변화할 수밖에 없다. 그래서 더더욱 표준화작업이 필요한 것이다. 글로벌 보고 이니셔티브(GRI, Global Reporting Initiative) 위원장인 에릭 헤스펜하이드(Eric Hespenheide)의 "우리는 일관성 있는 단일 글로벌 지속가능성 표준이라는 비전을 믿고 있다."라는 말처럼 ESG의 표준화를 통한 고도화를 기대해 본다.

ESG로 배운
뼈아픈 실패와 값진 변화

앨빈 토플러(Alvin Toffler)가 제시한 '제3의 물결'이란 용어가 나온 지도 벌써 40년이 넘었다. 현재 인류는 '제4의 물결'이라고 할 수 있는 융합과 초연결·초지능의 시대를 걷고 있다. 혁명과 진화는 쉼없이 그리고 더 빠르게 진행되고 있는 것이다. 이러한 변화에 신기원이 될 만한 변곡점이 2020년에 나타났다. 21세기 이후 전 세계를 집어삼킨 최악의 전염병 중 하나로 기록될 COVID−19이다. 이로 인해 그동안 우리가 보통의 삶이라고 여겼던 많은 것들이 사라졌고, 동시에 새로운 삶을 여럿 가져다 주었다.

이와 더불어 경영환경의 변화는 특정 산업이나 규모에 국한되지 않고, 모든 산업에 큰 영향을 미치며 더욱 가속화되고 있다. 전 세계 이상기후로 인한 기후 위기의 경각심 고조 및 각성, MZ세대 주도의 지속 가능한 가치소비, 소비자 지향적 사고를 통해 기업활동 및 구조의 재편성 등 기존의 패러다임이 급격히 변하고 있는 것이다.

이러한 흐름은 ESG로 흘러 들어가 이를 알아야 투자, 경영, 소비 등에서 주체가 될 수 있게 되었다. 과거 ESG를 무시하던 기업과 사업가들도 이제는 ESG에 올라타 누구보다 빨리 성공을 향해 달리고 있다.

2021년 기준 8조 7,000억 달러(약 9,572조 원)의 자산을 운용하는 세계 최대 자산운용사인 블랙록(Blackrock)의 창업자이자 최고경영자 래리 핑크(Larry Fink) 역시 마찬가지다. 애플 시가 총액(약 3조 달러, 2021년 기준), 한국 국내 총생산(약 1조 6,000억 달러, 2021년 기준)과 비교해 보면 그가 얼마나 많은 자산을 운용하는지 감이 잡힐 것이다.

래리 핑크는 매년 전 세계 기업들의 최고경영자들에게 연례 서한을 보내는데, 그의 서한에 전 세계 기업들은 촉각을 곤두세울 수밖에 없다. 애플 시가 총액의 2.5배, 한국 국내 총생산의 5배 가량의 자산을 운용하는 투자사의 의견이니 당연하지 않은가? 래리 핑크의 서한 내용 중 가장 강력한 메시지는 2018년부터 현재까지 명확하게 일관되어 있다. "ESG 관련하여 성과가 좋지 않은 기업들에는 투자하지 않을 것이다."

ESG에 지대한 관심을 갖고 있는 래리 핑크는 과거 ESG와는 거리가 먼 인물이었다. 그는 초유의 금융재앙 서브프라임 모기지 사태의 씨앗을 만든 장본인 중 한 명이다. 래리 핑크는 루이스 라니에리(Lewis

S. Ranieri), 데이비드 맥스웰(David Maxwell)과 모기지 담보부 증권(MBS, Mortgage Backed Securities)이라는 금융상품을 만들었다. 이 증권은 주택을 담보로 20~30년 만기의 장기대출을 해준 주택 저당채권(주택에 근저당이 설정된 채권)을 기초로 발행됐다.

2007년 서브프라임 모기지 사태를 배경으로 한 영화 '빅쇼트(The Big Short)'에서 벤 리커트역을 맡은 브래드 피트는 "난 지금 미국 경제가 무너진다에 돈을 걸었어. 미국 경제가 무너지면 어떻게 되는지 알아? 수많은 사람들이 집을 잃고 퇴직금을 잃고 직장을 잃어."라고 말하는 장면이 나온다. 서브프라임 모기지 사태로 많은 이들이 돈과 직장을 잃었지만 모기지 담보부 증권 상품을 만든 래리 핑크는 엄청난 부를 축적할 수 있었다.

영화 '빅쇼트(The Big Short)'

어쩌면 그는 자신의 아이디어가 윤리적이지 못하다는 걸 제대로 인식하지 못한 채 그저 회사의 이익을 극대화하는 것에 몰두했을지 모른다. ESG를 희생하여 돈과 맞바꾼 것이었다. 하지만 지금은 세상이 엄청나게 변화하였고, 래리 핑크는 시대의 흐름에 맞춰 ESG에 무게중심을 둔 기업에 투자하며 ESG로 이뤄낸 수익을 기대하고 있다.

| E : 기후변화 위험을 무시했던 엑슨모빌, ESG에 무릎 꿇다 |

1989년 3월 24일 0시 4분, 알래스카주 프린스 윌리엄 해협에서 사상 최악의 해양 오염사고로 기록된 '엑슨발데즈호 원유 유출사고'가 발생했다. 유출된 원유의 양으로만 보면 유출사고 중 역대 35위의 규모이지만 2,000km 오염, 30만 마리 바다새/바다 속 포유동물 수천 마리/연어와 청어 수십억 마리 떼죽음, 20억 달러(약 2조 4,000억 원)의 방제 비용, 1차 방제 기간 3년, 34억 달러(약 4조 1,000억 원)의 환경 재건비용, 5억 달러(약 6,000억 원) 보상금 등 피해와 손해배상금이 가장 큰 사고로 기록되었다.

사실 이 사고는 예정된 재앙이었다. 원유를 적재한 엑슨발데즈호는 도선사의 지휘하에 알래스카주 발데즈항을 출항했다. 3월 23일 23시 24분경 도선사는 하선했고, 출항하기 전 술을 마신 선장은 자격증도 소지하지 않은 당직 3등항해사에게 선장의 지휘권을 인계한 후 휴식을 취하기 위해 조타실을 비웠다. 그 후 3등항해사는 항로를 벗어나 운항했고 결국 암초에 좌초됐다.

그렇다면 최악의 인위적 환경파괴 사건 중 하나를 일으킨 엑슨모빌 (ExxonMobil)은 어떤 기업일까? 엑슨모빌은 1세기 가까이 석유재벌의 대부로 군림해온 엑슨(Exxon)이 1999년, 835억 달러(약 100조 7,000억 원) 규모의 모빌(Mobil) 인수를 통해 탄생한 다국적 석유기업이다. M&A 전 엑슨과 모빌이라는 각각의 회사로 운영되었지만 사실 이들의 뿌리는 하나이다. 대공황 이전 시대를 상징하는 대표적인 미국의 기업가이자 '석유왕'으로 불렸고, 역사상 가장 부자였던 존 데이비슨 록펠러(John Davison Rockefeller)가 1870년 설립한 스탠더드 오일(Standard Oil)이 그 전신이라고 할 수 있다. 그들은 2020년 이전 포춘 500대 기업 순위에서 항상 5위 안에 머물렀고, 무려 13차례나 1위에 오르기도 했다.

사실 석유회사들은 태생적으로 환경과 밀접한 관계에 있다. 그렇기 때문에 자신들의 태생적인 한계를 극복하고, 사회적인 이미지 제고를 위해 타 산업보다 환경보호 활동에 적극적일 수밖에 없다. 하지만 엑슨모빌은 정반대 행보를 걸었다. 과거 엑슨모빌은 이산화탄소 배출에 대한 영향을 고려하지 않은 향후 50년 계획을 발표했다. 엑슨모빌의 내부 과학자들은 "이러한 엑슨모빌의 50년 계획은 전 세계 이산화탄소 배출에 치명적인 영향을 미칠 것"이라고 강력히 경고했지만 무시됐고, 연간 11억 원 정도 배정되었던 기후연구비를 삭감하는 대신, 기후위험을 부정하는 연구비로 356억 원을 지원했다.

이러한 와중에 엑슨발데즈호 원유 유출사건이 터졌다. 이 사건을 계기로 환경보호단체, 연기금, 투자신탁회사들이 뜻을 모아 환경책임경제연합(CERES, Coalition for Environmentally Responsible Economies)를 결성했고 10개 항목의 '발데즈 원칙'을 발표하게 된다. 그리고 UN환경계획(UNEP, United Nations Environment Programme)과 함께 1997년 미국 보스턴에 GRI(Global Reporting Initiative)를 설립했다.

이러한 상황에도 불구하고 엑슨모빌은 더욱 적극적으로 기후위험부정 캠페인을 전개했으며, 수많은 광고와 로비 끝에 2001년 미국이 교토의정서 비준을 거부하는 결과까지 초래했다. 참고로 당시 미국 대통령은 조지 W. 부시였고, 메이저 석유기업들의 자금력과 힘으로 당선되었다.

엑슨모빌의 비뚤어진 행보에 자신들의 뿌리였던 록펠러 가문도 등을 돌렸다. 록펠러 가문은 2008년부터 지속적으로 "기후변화 대책을 마련하라.", "온실가스 감축 목표를 발표하라." 등을 요구했지만 엑슨모빌은 꿈쩍도 하지 않았다. 이에 록펠러 가문은 2016년 보유하고 있던 엑슨모빌 주식을 모두 처분하고 엑슨모빌과 관계를 끊었다.

엑슨모빌이 기후변화 등의 환경문제 대응에 소극적인 입장, 아니 오히려 부정적인 입장을 취한 것은 그들의 매출과 수익에 커다란 영향을 미칠 것이 분명했기 때문이다. 하지만 이제는 시대의 조류가 그들을 무릎 꿇게 하고 있다. 20년 넘게 분기 적자를 기록했던 적이 없던 엑슨모빌은 2020년 224억 달러(약 27조 200억 원)의 기록적인 손실을 입게 되었다. 그뿐만 아니라 92년간 지켜왔던 다우존스 산업평균지수(DJIA, Dow Jones Industrial Average)에서도 제외되는 굴욕을 맞게 되었다. 이는 COVID-19 팬데믹으로 인한 유가 폭락 등도 원인이겠으나, 환경에 대한 소극적이고 안이한 대응도 한몫한 것으로 볼 수 있다. 이에 기후위

험을 알고도 묵인한 엑슨모빌에 대해 2019년 뉴욕주, 메사추세츠주의
증권사기 기소를 시작으로 영국 유명 언론사인 가디언의 석유기업 광
고 거부, 미국 친환경 행동주의 펀드인 '엔진넘버원(Engine No.1)'의 압박
등으로 인해 그들은 기존과는 다른 행동을 보이고 있다.

　시간은 좀 늦었지만 그들이 '이제라도 돌아온 것'이 다행이다. 노년
에 사회를 위해 자선사업에 헌신한 그들의 뿌리인 록펠러처럼 되길 바
란다. 그리고 그들의 변화하는 정책들이 그린워싱(Green Washing)*이 되
지 않길 기원한다.

| S : '노동 착취' 불명예 씻고 ESG 기업으로 거듭난 나이키의 혁신 |

　세계에서 가장 유명한 스포츠 브랜드로 나이키를 부정하는 사람은
없을 것이다. 나이키는 2021년 12월 기준으로, 매출액 445억 3,800만 달
러(약 58조 원)와 직원수 75,000명 이상을 갖춘 세계적인 기업으로, 브랜
드 가치는 425억 달러 이상(약 55조 원)으로 평가된다(인터브랜드, '2021 베스
트 글로벌 브랜드' 기준).

* 그린워싱
　'Green'과 'White washing'의 합성어로 기업들이
　실질적인 친환경 경영과는 거리가 있지만 녹색경영
　을 표방하는 것처럼 홍보하는 것을 말함.

12세 파키스탄 아동이 나이키 축구공을 꿰메는 사진

　안정적인 매출과 긍정적인 브랜드 이미지를 갖고 있는 나이키는 아동노동력 착취로 큰 부침을 겪은 바 있다. 1996년 3월 28일 미국 《라이프》지에 실린 사진 한 장과 기사가 전 세계인들에게 경악을 안겨 주었다. 웅크리고 앉아 나이키의 멋진 로고가 선명하게 새겨진 축구공을 꿰매고 있는 남루한 복장의 12세 파키스탄 소년 사진이 공개된 것이다. 허름하고 지저분한 창고에서 이 아이들은 마치 노예처럼 일하고 있었으며, 부모들이 받아 간 선금을 갚을 능력이 없었기 때문에 일을 그만둘 수도 없다고 했다. 부모들이 받아 간 돈은 일당 60센트에 일한 날을 곱한 금액이었다.

　나이키는 1992년에도 저임금 노동력 착취로 한 차례 곤혹을 치뤘다. 미국의 《하퍼스 매거진》에 NGO 활동가 제프리 볼링거(Jeffrey Ballinger)가 쓴 '나이키 성장의 이면에는 제3세계 저임금이 있다'는 폭로 기사가 불씨가 됐다. 1993년에는 CBS가 '인도네시아 나이키 공급업체들의 열악한 노동환경'에 대해 방송 보도했고, 1994년에는 《뉴욕타임즈》, 《롤링스톤》, 《이코노미스트》, 《포린어페어스》 등이 앞다투어 관련된 기사들을 공개했다.

하지만 아이러니하게도 이 시기에 나이키의 실적은 사상 최대치를 경신 또 경신하고 있었다. 전 세계 나이키의 공급사슬에 존재하는 아동노동 착취가 그들의 가장 소중한 자산인 '브랜드 가치'에 미칠 수 있는 부정적인 영향들을 계속 무시하면서 말이다.

거듭되는 노동력 착취 문제에도 최고 브랜드로서의 명성을 이어가던 나이키는 마침내 1997년, 노동력 착취와 관련해 정점을 찍은 사건으로 큰 타격을 입게 된다. 나이키와 계약을 맺은 공장에서 기계가 폭발해 운동화 바닥을 손질하고 있던 베트남 여성이 사망하는 사건이 발생한 것이다. 이 사건은 사회적으로 큰 파장을 일으켰다. 듀크대학교, 브라운대학교 등의 학생들이 나이키 제품에 대한 불매운동을 벌였고, 《타임》, 《비즈니스위크》 등과 같은 메이저 언론은 해당 사건을 심각하게 다뤘다.

때마침 개봉된 마이클 무어(Michael Moore) 감독의 다큐멘터리 영화 〈더 빅 원(The Big One)〉에서는 나이키 창업자이자 당시 CEO였던 필 나이트(Phil Knight)를 아동노동 착취를 옹호하는 악덕 기업가로 묘사했다.

영화에 공개된 장면으로, 마이클 무어 감독이 "12살 아이가 나이키 공장에서 일해도 되나요?"라고 묻자 필 나이트는 "나이키 공장에서 일하는 아이들은 12살이 아니예요. 제일 어린 나이가 14살이예요."라고 답했다.

영화 더 빅 원(The Big One)

이에 마이클 무어가 "그렇다면 14살은 나이키 공장에서 일해도 괜찮은 건가요? 가책이 안 드나요?"라고 재차 묻자 필 나이트는 "네, 들지 않습니다."라고 답했다.

당시 나이키는 '착취', '아동노동' 등의 단어와 어우러져 부정적인 이미지를 구축했다. 이러한 상황에서도 나이키의 대응은 소극적이었다. 아니 오히려 자신들을 방어하고 합리화하기에 급급했다는 표현이 맞을 것 같다. '제품 생산은 잘 모른다', '하청업체의 일이다' 등으로 안이하게 대응하던 나이키는 1998년, 창업 이후 처음으로 엄청난 적자를 보았고 1,500명 이상의 구조조정 사태를 불러 일으켰다.

결국 나이키는 문제의 심각성을 인식하고 백기를 들었다. 1998년 5월, 내셔널프레스클럽에서 "나이키 제품은 강제 초과근무, 노예 임금 그리고 자의적 학대와 동의어가 되었다."라고 잘못을 인정하며 "나이키는 모든 공장 노동자의 최소 연령기준을 높이고, 생산협력업체에 대한 모니터링을 확대·강화하고 이를 전담하는 부서(CSR팀)를 신설하겠다. 또한 모든 공장의 공기질을 권장 기준으로 높이겠다."라고 밝혔다.

이어 나이키는 국제노동기구에서 '아동노동 철폐를 위한 국제 프로그램(IPEC, International Programme on the Elimination of Child Labour)'을 책임지고 있던 어맨다 터커(Amanda Tucker)를 수석부장으로 영입했다. 그리고 향후 아동노동력을 착취하지 않을 것이며, 문제가 된 OEM(Original Equipment Manufacturing) 기업들과는 거래를 중단하겠다고 발표했다. 거기에 그치지 않고 공정노동협회(FLA, Fair Labor Association) 창립 참여, 협력업체들이 지켜야 할 'Nike Code Leadership Standards' 제정 등 현재의 ESG 정책을 수립하고 운영하고 있다.

2021년 3월, 나이키는 결코 무시할 수 없는 거대 시장 중국에서 다시 한번 공급망의 인권문제 이슈와 맞닥뜨리게 된다. 이번에는 정의의 편에 섰다. 중국 서부 신장 지역에서 위구르족의 강제노역을 통해 재배한 면화를 사용하지 않겠다는 입장을 표명한 뒤, 나이키는 중국인의 대대적인 불매운동을 경험해야 했다. 빗나간 애국주의 불매운동으로 화형식까지 당했던 나이키는 중국 시장 매출에 대해 긍정적으로 전망할 수 없었고, 그로 인한 주가 하락에 대해 깊이 고민할 수밖에 없었다. 하지만 2021년 6월 말 성적표를 받아본 나이키의 상황은 예상과 달랐다. 나이키는 시장 전망을 웃도는 매출과 수익을 기록했고, 15% 주가 급등으로 미소를 지었다.

| G : 경영진의 윤리적 해이, 한순간에 무너진 월드컴의 성공신화 |

미국 2대 유선통신 기업인 월드컴(WorldCom) 신화의 시작은 1983년에 시작되었다. 월드컴은 1990년대 하이테크 열풍과 함께 너무나도 공격적인 M&A를 통해 기하급수적인 성장을 거듭했다. 그들의 M&A에는 당시 미국 2위 유선통신 기업이었던 MCI를 비롯해 약 70여 개의 회사가 포함되었으니 '너무나도 공격적'이라는 표현이 맞을 것이다. 이를 계기로 월드컴은 전국망과 국제통신망을 모두 갖추며, 연매출은 4배로 껑충 뛰어올라 난공불락이었던 AT&T의 막강 경쟁자로 떠올랐다.

그들은 여기에서 멈추지 않았다. 1990년대 세계 통신시장을 이끌어온 3대장 중 하나인 스프린트(Sprint Corporation)까지 M&A 대상으로 삼았으나 미국 법무부의 독점금지법 위반 소송으로 무산되었다.

월드컴의 당시 매출은 352억 달러(약 42조 4,000억 원), 수익도 14억 달러(약 1조 6,000억 원)였으며, 직원수는 85,000여 명에 달했다. 그러나 단단한 기업으로 보였던 월드컴의 실상은 속 빈 강정이었다. 당시 미국은 유례없는 대호황을 누리고 있었고, 시중에는 투자처를 찾아 헤맬 정도로 너무 많은 자금이 풀려 있었다. 이에 금융기관들과 투자자들은 월드컴의 왕성한 현금 수요를 '건강한 기업활동'으로 잘못 평가해 눈 뜬 장님처럼 가진 돈을 아낌없이 퍼부었다.

CEO 버나드 에버스(Bernard Ebbers)를 비롯한 경영진은 이미 한계에 다다른 상황임을 알고 있었고, 이러한 상황을 분식회계를 통해 외부에 숨기고 있었다. 분식회계란 기업의 실적을 좋게 보일 목적으로 장부를 조작하는 것으로 가공의 매출을 기록하거나 비용을 적게 계상하고 누락시키는 것 등을 말한다. 그도 모자라 월드컴 경영진은 회사에 현금이 없으면 빌려서라도 자신들의 보너스를 지급했고, 회사의 금고까지 손을 댈 정도로 윤리적으로 해이해져 있었다.

월드컴은 2001년 9월 11일 발생한 9·11 테러 이후 지옥을 맛보게 됐다. 9·11 테러로 미국 경제는 순식간에 얼어붙었고, 월드컴의 돈줄도 끊기기 시작했다. 2002년 5월, 드디어 그들의 분식회계 사건이 온 천하에 드러났다. 내부감사역이었던 신시아 쿠퍼(Cynthia Cooper) 부사장은 자본지출에 초점을 맞춰 회계감사를 하면서, 경비지출에 대한 회계처리가 잘못되었음을 확인하고 당시 최고재무담당자에게 보고했으나 묵살되었다. 이에 월드컴 이사회 회계감사위원장에게 38억 달러(약 4조 5,000억 원)에 달하는 부정을 폭로했다. 결국 이 사건을 계기로 1999년 후반 주당 60달러에 달했던 주가는 1달러에도 못 미칠 정도로 폭락했다. 뒤늦게 경영진들은 구조조정, 사업분야 통합 등의 대대적인 비용절감 노력을 기울였다. 하지만 이미 곪아 터질 대로 터진 월드컴은 1,070억 달러(약 129조 원)의 당시 사상 최대 규모 파산을 기록하면서 종지부를 찍었다. 참고로 현재 최대 규모의 파산은 리먼 브러더스의 6,700억 달러(약 807조 원)이다.

'희대의 스캔들'로 손꼽히는 월드컴의 분식회계 사건은 기업의 지배구조가 투명하지 못하고 민주적이지 않다면 올바른 의사결정을 내릴 수 없고, 관련된 여러 이해관계자들과의 충돌이 불가피할 수밖에 없다는 것을 보여주었다. 기업이 대·내외적으로 신뢰를 잃는다는 것은 기업의 존폐에 가장 큰 영향을 주는 요소이며, 아무리 잘 나가는 기업일지라도 한순간에 무너진다는 것을 증명한 셈이다.

미국 듀크대 교수이자 '회계학의 여왕'으로 불리는 캐서린 시퍼(Katherine Schipper)는 "자본시장에서 신뢰를 잃는 것은 자본을 시장에서 조달할 수 없다는 뜻이다. 당연히 기업들도 무너지고, 결과적으로 자본시장도 생존할 수 없다. 자본시장뿐 아니라 자본주의의 축이 모두 무너지게 될 것이다. 그만큼 자본시장에서 정보의 신뢰성은 매우 중요한 역할을 하고 있다."라고 말했다.

'사상 최대 파산 사건'을 일으켰던 월드컴의 CEO 버나드 에버스는 25년 징역형 중 건강 악화를 이유로 13년 만에 조기 출소했다고 전해진다.

Environment

Part 02

ESG경영 시대, 소비자 트렌드의 전환

7가지 키워드로
본 소비자 트렌드

ESG는 모든 이해관계자가 관여되어 있지만, 가장 중요한 3가지 축은 기업, 정부·기관, 소비자이다. ESG는 이 중 투자자 측면에서 시작되었고, 기업들은 이들의 투자를 받기 위해 관여할 수밖에 없었다.

이제는 소비자 차례이다. 소비자들이 ESG 관점에서 고려하고 판단하며 대응하는 'ESG 소비'가 가장 중요해지는 시기라는 것이다. 기업들은 이제 투자자의 눈이 아닌 '소비자의 눈'을 가장 신경 써야 한다. 결국 지속가능한 기업성장과 더불어 기업의 ESG경영에 대한 소비자 태도의 관리 측면에서도 더 이상 늦출 수 없는 시대적 당면 과제이기 때문이다. 더불어 소비자 스스로도 ESG에 대해 더 많은 관심을 갖고 대응하는 것이 시너지를 발생시킬 수 있는 가장 효과적인 방법이다.

소비자와 그 트렌드를 알아야 ESG를 비롯한 모든 게임에서 이길 수 있다. 그렇다면 트렌드란 무엇일까? 트렌드는 '하나의 흐름'이다. 트렌드의 초기 발생시점에서는 극히 일부분의 전문가들에게만 주목받을 수 있지만, 사소한 발단이 진화를 반복하면서 하나의 사회 현상으로 자리잡게 되는 것이다.

하나의 트렌드는 산업을 추동하고 소비자를 자극해서 더 빠르고 폭넓게 영향력을 확장할 수도 있지만, 반대로 법제적 환경과 사회문화의 지체로 지지부진해질 수도 있다. ESG를 둘러싼 트렌드의 변화도 마찬가지일 것이다.

트렌드의 흐름에 거친 바람을 몰고 온 것은 COVID-19 팬데믹이다. 2020년 벽두부터 인류는 20세기에나 겪었을 법한 역병의 창궐을 경험해야 했다. 21세기 초기 경험했던 메르스나 사스의 일시적 유행과는 완전히 다른 것이었다. 모든 일상을 갑작스레 멈춰버린 COVID-19는 한 번도 경험해보지 못했던 사태를 불러일으켰다.

흑사병, 스페인독감, 메르스, 사스 등의 팬데믹이 우리 사회에 가져온 가장 눈에 띄는 변화는 바로 환경에 대한 인식이 피부에 와 닿기 시작했다는 것이다. COVID-19 팬데믹은 전 인류에게 '나의 일'로 다가왔고, 환경, 기후변화, 질병 등 인류 미래에 해를 끼칠 수 있는 문제들에 대해 더욱 진지하게 고민하게 되었다.

그 틈을 타고 ESG에 대한 관심도 고조되고 있다. 2007년 촉발된 세계금융위기는 대침체를 불러일으켰고, 그 그림자는 2016년까지도 어둠을 드리웠다. 원자재가격 폭락에 따른 경기 부진과 경기 하락의 위험 요소들이 이어졌고 세계경제는 암울한 전망만을 내놓고 있었다. 이러한 저성장 시대에 새로운 이정표가 절실했다. 그렇게 자본시장의 돌파구로 서서히 자리를 잡아가고 있던 ESG는 COVID-19 팬데믹으로 더욱 큰 변화를 맞이할 수 있었다.

각 세대들은 여러 굵직한 사건들을 겪으면서 점점 빠르게 변하고 진화하고 있다. 닮은 듯 닮지 않은 이들의 공통적인 요소를 살펴보면 전 세대를 아우르며 '나'의 중요성이 점점 커지고 있다는 것이다. '진정한 나'를 찾아서 '행복한 나'를 만드는 과정이 앞으로의 트렌드를 관통하게 될 것으로 보인다. COVID-19 팬데믹이 우리에게 자신을 되돌아볼 숱한 시간을 만들어주었기 때문이 아닐까 싶다.

| 키워드 1. MBTI 전성시대 : 나의 본질 찾기 |

MBTI(마이어스-브리그스 유형지표, Myers-Briggs Type Indicator)는 스위스의 의사이자 심리학자인 카를 구스타프 융(Carl Gustav Jung)에 의해 도입된 성격유형론을 바탕으로 1944년 이자벨 브리그스 마이어스(Isabel Briggs Myers)가 개발한 성격유형 검사다. 그녀는 "It is up to each person to recognize his or her true preferences(자신이 진정 좋아하는 것을 아는 것은 자신에게 달려 있다)."라고 말했다.

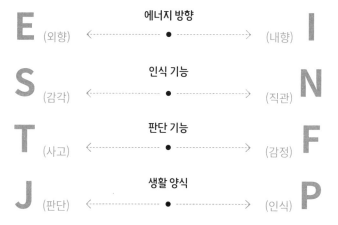

| E | 에너지 방향 | | I |
| (외향) | ←·········●·········→ | (내향) | |

MBTI는 비과학적이며 주먹구구식으로 만들었다는 공격을 시작으로 복잡한 인간의 성격을 너무 단순하게 규정하고 있다는 비판을 받았음에도 불구하고 인기를 끌고 있다. 아무리 약점이 많다고 해도 오랜 기간 많은 사람들에 의해 활용되어온 규격화된 성격측정 도구로 MBTI 검사만한 것도 없다.

원자화된 사회구조도 MBTI 검사에 힘을 보탠다. 시대는 점차 '우리'보다는 '나'를 성찰하게 만들고 있다. 자기 정체성에 대한 강요에 가까운 탐구에 조바심이 나고, 조바심은 불안이 되어 영혼을 잠식한다. 무엇보다 어딘가에 소속되어야만 안정감을 느끼는 인간의 본능 앞에서 어떤 유형으로든 반드시 결정해주는 MBTI 결과는 무척이나 안심이 된다. 혈액형이나 별자리로 성격을 이야기하는 것에 비하면 과학적으로 보이기까지 한다.

MBTI와 같은 자기 유형화는 마케팅에 있어 유용한 도구로 활용할 수 있다. 어느 세대를 막론하고 인간은 타인에 의해 규정되는 모든 유형화에 반감을 가지고 있다. 타인에 의한 유형화는 곧잘 차별로 이어져 왔기 때문에 ESG 문제로 쉽게 발전할 수 있다. 하지만 MBTI 유형은 어느새 놀이를 넘어서 개인을 특정하는 지표로까지 환영받고 있다. 복잡하고 어려운 ESG 관련 캠페인도 알기 쉬운 스토리에 적당한 유형화를 매칭하면 부담없이 홍보할 수 있을 것으로 보인다. ESG의 각 영역에 해당하는 주요 카테고리는 충분히 유형화가 가능할 뿐만 아니라, 그렇게 유형화하여 각각의 ESG요소를 이해한다면 비로소 ESG를 통합적으로 이해할 수 있다는 점도 역설적으로 도움이 될 수 있을 것이다.

자기 유형화에 기꺼이 참여하는 또 다른 현상은 바로 태그니티(TAGnity)다. 태그니티는 해시태그의 태그(TAG)와 공동체, 집단을 의미하는 커뮤니티(Community)의 합성어다. 2015년 페이스북, 트위터 등 소셜 미디어의 영향력이 부상하면서 등장해 태그니티 마케팅은 유튜브 크리에이터, 인플루언서 등을 중심으로 빠르게 성장했다.

취향을 양분하는 것도 꽤나 받아들여지고 있는 유형화의 하나다. '문과형 인간'과 '이과형 인간'으로 양분하는 것은 자칫 존재 비하의 위험을 내포하고 있었지만, '민초 논쟁'이나 '부먹 vs 찍먹'과 같은 단순 취향의 논쟁은 놀이를 넘어 꽤나 재미있는 마케팅 수단으로까지 진화했다.

세대별로 자아찾기 방법은 다르다. 베이비붐 세대는 오랜 세월 권위주의적 분위기 속에서 하나의 부속품이 되기를 강요받았다. 그들은 '자랑스런 태극기 앞에 조국과 민족의 무궁한 영광을 위하여 몸과 마음을 바쳐 충성을 다할 것을 굳게 다짐'하는 것이 일상이었고, '나라의 융성이 내 발전의 근본임을 깨달아 스스로 국가건설에 참여하고 봉사'하는 것이 이 땅에 태어난 사명이라고 여겼다. 하지만 청년기에는 절차적 민주주의가 일정 궤도에 올라가는 것을 경험하고 장년기에는 눈부신 경제발전과 실질적 민주주의의 정착이 이루어진 사회를 경험하였다. 이제는 사회의 도구로서 인간이 아닌 각자의 삶이 존재하는 개인으로 회귀하려 하고 있다. 특히나 '58년 개띠'로 불리는 은퇴세대에겐 OECD 노인자살률 1위란 비극적 현실을 넘어서 행복한 노년을 추구하고자 하는 움직임이 크다.

X세대도 바쁘다. 사회초년생 시절 조직에 최적화했던 개인상에서 벗어나 자신의 욕망을 찾아가는 자아탐구의 과정에 돌입했다. 무엇보다도 40대에서 50대에 이르는 X세대는 중간관리자에서 최고관리자 사이의 리더 위치에 돌입했다. 이들에게는 과거와 다른 리더십이 요구되고 있다. 그래서 '꼰대'가 되지 않기 위해 스스로를 끊임없이 성찰하는 '젊은 아재'로 거듭나려고 노력하고 있는 것이다.

이에 비해 MZ세대는 좀 다른 방식으로 '나'를 찾아가고 있다. 기성세대는 권위주의 사회에서 민주주의 사회로의 이행을 경험했고, 경제발전을 통해 개발도상국에서 선진국으로의 소비문화 변화를 경험했다. 이 와중에 아날로그 사회에서 디지털 사회로 변화하면서 어떻게든 생존을 모색해야만 했다. 하지만 MZ세대는 달랐다. 이미 주어진 것들을 있는 그대로 받아들이면 그만이었다. 기성세대는 학벌, 외모, 직업, 경제력처럼 타인과의 비교를 통해 서열화하는 방식으로 자아를 탐색

했다. 하지만 MZ세대는 차별을 위해 차이를 확인했던 기성세대의 방식을 단호히 거부하며, MBTI나 성향테스트와 같은 있는 그대로의 내적 요소를 분석하는 방식을 통해 진정한 자신을 찾아가고 있다.

| 키워드 2. 부캐, N잡, 메타버스 : 또 다른 나의 변주 |

　현대인은 삶을 살아가면서 다양한 역할을 요구받고 있다. 가정 내에서는 무심한 아버지나 극성스러운 어머니일 수도 있지만, 직장 내에서는 자상한 상사이거나 믿음직스러운 부하직원일 수도 있고, 동호회에서는 사회적 지위에 걸맞지 않게 서투른 아마추어의 면모를 지닐 수도 있다. 그렇게 공동체 내에서 상황에 따른 역할기대에 부응하기 위해 우리는 각각에 어울리는 사람을 연기하고 있는지도 모르겠다.

　예능 프로그램을 통해 '부캐'가 유행했다. 누군지 뻔히 아는 유재석이란 예능인이 유산슬, 지미유, 카놀라유란 다양한 이름으로 마치 아주 다른 사람인양 행세하는 멀티 페르소나(Multi-persona)의 향연을 우리는 즐기고 있다. 이런 페르소나를 다양하게 변주하고 그에 걸맞는 행동양식을 선택하는 것은 비단 예능인만의 일이 아니라 우리가 일상에서 이미 실행하고 있는 일이란 이야기이다.

　게임에서 시작된 부캐는 부캐릭터의 준말로 크게 세 가지로 구분되어질 수 있다. 첫째는 본캐의 육성을 위한 보조장치로서의 부캐이다. 본캐릭터의 한정된 인벤토리(Inventory, 물품목록)를 극복하기 위한 '창고

캐'나 안전지역에서 아이템 교환을 할 수 있는 '장사캐'가 그렇다.

둘째는 '만렙' 캐릭터를 대체해 새롭게 콘텐츠를 즐길 수 있는 '새로운 시작'으로서의 부캐이다. 이미 성장 한계치까지 육성한 본캐를 통해 수월하게 육성하면서도 '키운다는 재미'를 느낄 수 있는 캐릭터가 부캐의 의미가 된다.

셋째는 '완전히 다른 캐릭터'를 연기하기 위한 캐릭터를 말한다. 여러 게임에서 유저간 전투를 통해 상대방을 살해하는 PvP(Player vs. Player) 플레이가 가능하다. 이런 플레이어 킬 플레이는 종종 강한 캐릭터에 의한 약한 캐릭터의 일방적 살해 현상으로 나타나곤 한다. 소위 '양민학살'이라 불리는 이런 플레이는 플레이어 간의 공분을 사고 있고, 비난 받기도 한다. 그렇다 보니 본캐의 좋은 평판을 유지하면서 악인을 플레이해보고 싶은 욕망이 부캐를 만들게 한다.

현실에서도 이와 같은 욕망은 크게 벗어나지 않는다. 돈을 더 벌고 싶은 사람들의 N잡 욕망에서 부캐가 발생하고 다양한 멀티 페르소나를 활용하게 된다. 고정적인 수입을 위해 직장을 다니며 직장인으로서의 페르소나를 보여주고, 인스타그램이나 블로그의 세포마켓*을 활용한 N잡러로서의 페르소나도 보여주게 된다. 이 과정은 결국 직장인도 N잡러도 아닌 자연인인 '나'의 경제력 향상이란 목적으로 환원된다.

* 세포마켓
  1인 미디어가 증가하면서 소셜 네트워크 서비스
  (SNS) 등의 온라인 플랫폼을 통해 혼자 상품을 광
  고하고 판매하는 방식의 1인 마켓.

예능 프로그램 '놀면 뭐하니?'와
부캐 플레이의 전범을 확립한 '디아블로2'

서툰 취미에도 적극적으로 달라붙어 즐길 수 있게 되었다. 취미에 서투른 것은 부캐일 뿐이고, 본캐는 현실에서 착실하게 살고 있다는 자신감을 가지고 있기 때문이다. 부캐 사이의 숙련도 차이에 크게 개의치 않고, 그렇게나 좋아하던 야구를 '그깟 공놀이'로 치부할 수 있는 현실적 도피처가 마련되어 있다는 것이다.

그와는 반대로 현실을 벗어나기 위한 도피처로 부캐가 활용되기도 한다. 게임이나 메타버스(Metaverse)*에 재미를 갖게 되는 것이 그 까닭이다. 현실에서는 오랜 백수생활에 찌든 패배자일 수 있지만, 게임 속에서는 만렙의 현자가 되어 플레이어들에게 존경을 받을 수도 있다는 것이다.

이런 부캐의 성장 속에서 사회 참여에 대한 목소리가 더욱 커질 수 있게 되었다. 현실 속에선 어리석고 미련한 존재인 본캐가 주눅 들어 목소리를 높일 수 없었던 사안에 대해서도 인터넷으로 연결된 메타버스에서는 마음 놓고 소리 지를 수 있다. 잘 알지도 못하고 그래서 나설 수 없었던 일에 대해서도 자신이 아는 것만큼은 목소리를 낼 수 있는 사회 풍토가 조성되었기 때문이다. 거기에 부캐라는 페르소나를 통해 본캐와는 다른 강력한 주장을 펼칠 수 있게 되었다. ESG에 대한 완전한 이해가 선행되지 않더라도 아는 만큼 적극적으로 ESG를 지지하는 움직임이 도처에서 나타나고 있는 것도 연결지어 고려해 볼 수 있을 것이다.

* 메타버스
  추상을 의미하는 메타(Meta)와 현실 세계를 의미하는 유니버스(Universe)의 합성어로 현실 세계와 같이 사회·경제·문화 활동이 이루어지는 가상세계.

『공정하다는 착각』의 저자이자 하버드대학교 교수인 마이클 샌델 (Michael Sandel)은 자신의 책을 통해 "누구도 가난이나 편견 때문에 출세할 기회를 빼앗겨서는 안 된다. 그러나 좋은 사회는 '탈출할 수 있다'는 약속만으로 이루어지지 않는다."라고 언급했다.

우리 사회가 공정에 대해 세대 대결의 양상을 띄기 시작한 것은 2018년 평창 동계올림픽 여자 아이스하키 대표팀 구성을 두고 일어나기 시작한 것으로 보인다. 대표팀에 합류할 수 있는 기회가 평등했느냐의 문제에 대해 세대별로 시각차를 보인 것을 시작으로, 대표팀의 경기 운영에서 출전시간에 대한 과정의 공정성이 도마 위에 올랐고, 경기결과에 따른 향후 평가에 이르기까지 정의로웠는가에 대한 깊은 회의를 가져왔다.

공정사회에 대한 격론은 2020년 6월 '인국공 사태'로 정점에 달했다. 인천국제공항공사가 협력업체 소속의 비정규 보안검색요원 약 1,900여 명을 정규직으로 직고용하자 공정한 공개경쟁 채용을 거치지 않은 '무임승차'이자 '불공정'이란 비판이 제기되었다. 첨예한 찬반 여론의 갈림은 크게 두 가지 부분에서 격돌했다. 우선은 기회균등의 원칙이 적용되지 못했다는 반대 여론과 사회적 약자인 비정규직에 대한 차등 원칙이 적용되어야 한다는 찬성 여론이 그것이었다.

인국공 사태에서 눈에 띄는 사실이 하나 있다. 눈에 보이고 피부에 와 닿는 기회균등의 원칙을 위배한 불공정에는 쉽게 동감하지만, 눈에 잘 띄지 않고 당사자가 되지 않으면 피부에 와 닿지 않는 차등 원칙의 비정규직 문제에는 둔감하다는 것이다. 즉, 을과 을이 서로 시기하고 약자가 약자에게 윽박지르는 비극이 그대로 드러났다는 것이다.

MZ세대는 눈에 뻔히 보이는, 어쩌면 작아 보일 수도 있는 불공정에도 끓어올라 연대하곤 하지만 그와 반대로 눈에 잘 보이지 않는 사회적 문제에 대해서는 크게 공감하지 못하는 경향이 있다. 그에 비해 베이비붐 세대나 86세대 그리고 X세대까지의 기성세대들은 경험해 본 적은 없지만 우리 사회가 나아가야 할 바람직한 방향이라 생각하는 것을 향해서는 격하게 공감한다. 그래서 '경험한 불공정'에 참지 못하는 청년세대와 '경험하지 못한 공정'을 이룩하기 위해 노력해야 한다는 기성세대 간 태도의 차이가 심각한 세대 갈등으로 자리 잡지 않았나 싶기도 하다. 그렇다고 MZ세대가 근시안적이라고 비난할 수는 없다. 이 세대에게 '가만히 있으라' 윽박지르며 길들이려 했던 것이 기성세대이기 때문이다. 단군 이래 경제적으로 가장 취약한 세대가 이들이다 보니 경제적 입장에서의 공정에 몹시 예민할 수밖에 없다. 이미 온갖 반칙은 다 저지른 기성세대가 이제와서 반칙의 사다리를 걷어차며 공정을 외치는 꼴로 보일 수 있기 때문이다.

그럼에도 불구하고 보이콧*이나 바이콧*과 같은 형태의 소비자운동
은 MZ세대가 주도하는 경우가 잦다. '금융치료'가 필요한 악덕기업을
혼내주기 위해 불매운동을 기획하고, 그를 위한 행동강령을 만드는 것
과 같은 미시적 계획에는 기민한 움직임을 보여준다. 그와 반대로 선
행이 돋보이는 경우에는 '돈쭐'을 통해 힘을 주기도 한다. 이는 디지털
네이티브인 MZ세대가 SNS나 커뮤니티를 통해 재빨리 정보를 공유하
고 있기 때문이기도 하다. 또한 SNS를 통해 자신이 선한 행동에 동참
했다는 것을 자랑하는 것이 일반적인 현상이 되는 경향도 한몫하고 있
다. 과거에는 "오른손이 한 일을 왼손이 모르게 하라."는 것이 미덕이
었다면, 이제는 '#모르는사람없게해주세요'의 시대가 된 것이다.

| 키워드 4. 비건 : 유난스러움을 넘어 지구를 위한 선택 |

2020년 영국 노리치 노동법원은 윤리적 비거니즘(Veganism)이 철학적
신념으로써 종교적 신념과 마찬가지로 직장 내에서 존중받아야 한다

---

* 보이콧(Boycott)
  소비자가 부당한 행위에 대항하기 위하여 정치 ·
  사회 ·경제 분야에서 벌이는 집단적 거부운동.

* 바이콧(Buycott)
  보이콧의 반대 개념으로 어떤 물품을 사는 것을
  권장하는 행동.

는 판결을 내놓았다. 유난스러운 채식주의의 극단이라 치부되었던 비거니즘이 어느새 보편적 가치로 자리 잡고 있다는 것이다.

비건(Vegan)이라는 단어는 1944년 영국의 환경활동가인 도널드 왓슨(Donald Watson)에 의해 처음 사용되었고, 실천방식에 있어서 동물의 가죽이나 내장 등을 이용한 어떠한 제품도 사용하지 않는 생활방식을 비거니즘이라고 한다.

비건은 동물을 보호하자는 취지에서 조금은 과격한 시위방식으로 유명한 동물보호단체 페타(PETA, People for the Ethical Treatment of Animals)의 극성스러움을 닮기도 했지만, 더 나아가서는 '육식의 종말'을 통해 탄소중립으로 한 걸음 더 다가갈 수 있는 실천 방식으로 이해할 수도 있다.

축산업에서 발생되는 온실가스 배출량은 전체의 17% 수준으로, 전세계 모든 교통수단이 발생시키는 양인 13.5%보다 더 많은 편이다. 또한 반추동물의 트림과 배설물에서 나오는 메탄가스와 산화질소는 이산화탄소보다 각각 23배와 3,000배가 큰 온실효과를 가져온다.

그래서 완전한 비건이 되는 것까지는 아니더라도 육식을 줄이는 것은 충분히 탄소중립으로 가는 길이 될 수 있다는 신념이 확산되는 중이다. 공장식 축산을 줄이고 채식을 늘이는 것이 지구를 조금 더 건강하게 만드는 일이라는 자부심을 갖고 비건 행렬에 동참하는 사람들이 늘고 있다는 것이다.

비건은 되는 것부터가 쉬운 일이 아니다. 이는 채식주의 5단계를 보면 더 쉽게 이해될 수 있다. 우유, 치즈, 요거트, 버터와 같은 유제품은 섭취하는 락토(Lacto-vegetarianism), 달걀과 같은 난류는 섭취하는 오보

채식주의 7단계 구분

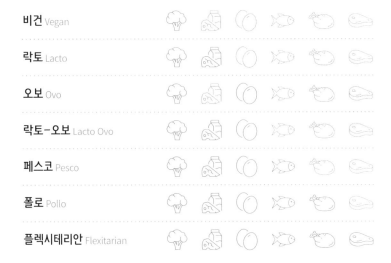

비건 Vegan						
락토 Lacto						
오보 Ovo						
락토-오보 Lacto Ovo						
페스코 Pesco						
폴로 Pollo						
플렉시테리안 Flexitarian						

(Ovo-vegetarianism), 유제품과 난류를 모두 섭취하는 경우에는 락토-오보 (Lacto-ovo vegetarianism)라고 말한다. 페스카(Pescatarianism)는 육류와 가금류, 유제품과 난류 모두 섭취하지 않지만 어류는 먹는 경우를 말한다.

비건은 육류, 가금류, 어류는 물론이고 유제품과 난류조차 섭취하지 않는 경우를 말한다. 심지어 유제품이나 난류가 첨가된 식품까지도 먹지 않으며, 실크와 같은 동물성 섬유도 거부한다. 그래서 채식주의 중 가장 엄격한 형태가 바로 비건이다.

비건이 되는 것은 쉬운 일이 아니며, 완전한 비건 식단을 일상적으로 즐길 수 있는 것 또한 쉬운 일이 아니다. 식물성 대체 우유라던가 비건

빵에 대체육으로 만든 비건버거까지 개발되어 선보이고는 있지만 가격이 만만치 않기 때문이다.

그럼에도 불구하고 비건, 비거니즘 등이 어느새 보편적 가치로 자리 잡고, 대중적 지지를 얻고 있는 것은 저 깊은 곳에 환경보호라는 대전제가 깔려있기 때문이 아닐까 싶다.

│ 키워드 5. 건강관리 : 건강을 택한 이들의 변화 │

소중한 내 자신을 지키기 위해 필요한 것은 경제력과 건강이다. 선진국형 자본주의 사회로 성장한 한국 사회에서 최소한의 인간다운 삶을 살아가기 위해서는 적당한 경제력을 갖추어야만 한다. 보다 행복한 삶을 살기 위해서라면 더 큰 경제력이 필요하다는 것은 두말할 필요가 없게 되었다. 그렇다 보니 기성세대는 주식과 부동산으로 부를 늘리기 위해 갖은 수를 다 쓰고 있고, MZ세대는 암호화폐 등에 '영끌' 투자나 '패닉바잉(Panic Buying)'을 하기도 한다.

하지만 건강하지 않다면 경제력은 별 쓸모가 없어진다. '죽어서 싸짊어지고 갈 것'도 아니니 살아서 건강하게 쓸 수 있어야 한다. 그렇다 보니 건강은 참 중요한 요소가 되었다. 건강을 지키지 못한다면 소중한 나는 돌아올 수 없는 강을 건널 수도 있기 때문이다. 건강을 위해 산에 오르기도 하고, 동네를 조깅하거나 홈트레이닝으로 부지런히 운동한다.

운동만큼이나 중요한 것이 식생활이지만 영양 균형이 잘 맞춰진 식단을 삼시세끼 챙기는 건 무척 어려운 일이다. 1인 가구의 증가와 생활습관의 변화로 아침을 거르는 경우도 많은데다 학교와 직장생활을 하다보면 점심식사 역시 균형 잡힌 건강식을 챙기기가 어렵다. 그래서 이를 보충하기 위해 영양제를 챙겨 먹는 사람들이 많아졌다. 식사는 걸러도 영양제는 거르지 않는다는 사람들도 꾸준히 늘고 있는 것이다.

지금은 몸의 건강을 챙기는 것만으로 목숨을 부지할 수 있는 시대가 아니다. 육체의 건강과 함께 정신적 건강도 챙겨야 하는 것이다. 과도한 감정노동에 의한 번아웃 증후군도 심각한 문제로 대두되고 있다. 직장에서 겪는 만성적인 부정적 감정과 대인관계에서 발생하는 스트레스에 장기간 노출되어 생기는 반응의 결과로, 하얗게 불태운 것과 같은 정신적 소진상태를 번아웃 증후군(Burn-out Syndrome)이라고 한다. 여기에 COVID−19 팬데믹으로 다가온 코로나 블루는 정신건강을 더욱 악화시키기도 했다.

이러한 상황이다 보니, 멘탈 케어가 무척 중요해졌다. 스마트폰을 활용하는 명상앱은 COVID−19 팬데믹 이전부터 개발되어 호평받다가, 그 이후에 수요가 크게 증가했다. 대화로봇이나 애완로봇도 같은 이유로 각광받고 있다. 자연친화적이고 건강한 생활양식을 추구하는 킨포크 라이프(Kinfolk Life)도 저변 확대가 이루어졌고, 시골생활에 대한 친화도 또한 높아진 편이다. 제주 지역에 집중되었던 여행수요도 전국 각지의 특징에 맞게끔 골고루 진화하고 있는 상태다. 특히나 각종 예능프로그램을 통해 강원도 산간지역, 전라도 도서지역 등에 대한 '지방색'이 매력적으로 다가가고 있다. 사람들은 '지방에서 한 달 살아보기'와 같은 형태로 지친 영혼을 달래기도 한다.

또한 멘탈 케어를 위한 휴식 방법으로 자주 언급되는 것이 '불멍'과 같이 아무 것도 하지 않는 것이다. 일하느라 몸도 마음도 지쳤기에 그 어느 것도 신경 쓰지 않고 멍하니 불만 바라보는 것으로 정신건강을 챙기는 것이다. 물론 그 대상이 오로지 불인 것만은 아니다. 비나 푸른 하늘, 별밤도 그저 '멍 때리기'에 적격이다.

(좌)불멍 때리기 모집 광고와 (우)제주 한달살기 프로그램

플렉스(Flex)는 1990년대 미국 힙합 뮤지션들 사이에서 즐겨 쓰였던 단어로 성공한 이후 생긴 자신의 부를 거리낌 없이 과시하는 것을 말한다. 플렉스에서 중요한 것은 자신이 번 돈으로 소비한다는 것이며, 그 소비에 대해 사치와 같은 부정적인 감정을 갖지 않는다. 이를테면 열심히 일한 자신에게 주는 특별한 상과 같은 것이다. 열심히 일해서 번 돈을 자신에게 쓰겠다는데 누구도 비난할 이유가 없게 된 것이다. 부정하게 번 돈만 아니라면 말이다.

럭셔리 소비가 '소유를 통한 과시'의 개념이 아닌 '사용경험을 통한 과시'로 소비자 인식이 변하고 있다는 점도 주목해야 할 부분이다.

고가의 럭셔리 소비에 MZ세대까지 가세하는 데는 '중고거래'가 큰 힘을 보탰다. 당근마켓이나 번개장터와 같은 통상적인 중고거래 플랫폼에서 명품 중고거래를 위한 차별화된 서비스를 내놓고 있을 뿐만 아니라, 트렌비나 머스트잇과 같은 온라인 명품거래 플랫폼에서도 중고 명품거래를 취급하고 있기 때문이다.

기술의 발달로 상품의 내구도는 올라갔지만 유행의 변화 속도는 더욱 빨라지다 보니 신제품으로 교체되는 주기도 빨라졌다. 하지만 제품 자체가 필요한 소비자들, 특히 MZ세대와 같이 기성세대보다 소득이 적으면서 재산 증식속도가 더 느린 계층에서는 중고상품에 대한 반감이 확 줄어들었다는 점도 한몫한다.

플렉스의 대상에는 비단 럭셔리만 있는 것은 아니다. 옳은 일을 지원하기 위한 기부에서부터, ESG투자의 대표적인 예라 할 수 있는 임팩트 투자와 같이 '선한 일'을 위해 돈을 쓰는 일도 많아졌다. 2022년 2월에 발표된 '2021년 소셜벤처 실태조사'에 따르면, 총 2,671억 원의 임팩트 투자가 이루어져 2019년 투자액 282억 원보다 9배 이상 확대된 것으로 조사되었다.

보다 가치있게 돈이 쓰이길 원하는 이들은 제대로 쓰이고 있는지에 대해서도 관심이 높다. '시원하게' 돈을 쓰는 만큼, '짝퉁'에 속지 않기 위해 눈을 부릅뜨고 있다는 것이다. 그러다보니 ESG경영에서도 섣부른 그린워싱, 임팩트워싱과 같은 ESG워싱을 경계해야 할 것이다.

| 키워드 7. 구독시장 : 소유보다 사용 편익에 집중 |

디지털콘텐츠 플랫폼 서비스가 일상이 되었다. 20년 전까지만 해도 음악을 듣기 위해서는 곡당 몇 백 원의 비용을 지불하고 다운로드 받아야 했다. 그렇지 않다면 CD를 구입해서 MP3파일로 변환해야 했다.

자신이 소유하고 있는 단말기에 파일을 다운로드 받아야만 즐길 수 있었던 음악, 영화, 드라마, 만화, 소설과 같은 콘텐츠들을 이제는 스마트폰으로 아무 때나 즐길 수 있게 됐다. 월정액을 내면 무제한으로 이용할 수 있는 스트리밍 서비스를 언제든 이용할 수 있는 상황이 되어 더 이상 번거롭게 건당 결제로 파일을 소유할 필요가 없게 된 것이다. 그저 월정액을 지불하고, 스트리밍을 이용하거나 DRM(Digital Rights

Management)이 적용된 파일을 통해 오프라인 재생을 이용하면 되는 것이다. 만 원이면 한 달 내내 음악 스트리밍을 이용할 수 있고, 2만 원도 안 되는 돈으로 동시접속 4명까지 가능한 고화질의 OTT(Over The Top) 서비스를 즐길 수 있게 되었다.

월정액으로 디지털콘텐츠를 맘껏 사용하는 플랫폼 서비스를 경험해 본 소비자들은 점차 월정액의 구독료를 지불하고 서비스를 제공받는 구독시장에도 눈을 돌리기 시작했다.

아시다시피 구독시장은 새로운 개념은 아니다. 신문, 잡지 등 정기간행물 구독을 시작으로 정수기, 안마의자 등 렌탈 서비스가 새로운 구독시장을 이었다. 영화, 드라마, 음악과 같이 실시간으로 재생되어야 하는 디지털콘텐츠뿐만 아니라, 웹소설이나 웹툰과 같은 콘텐츠들도 스트리밍은 아니지만 유사한 방식의 구독서비스 형태를 보여주었고, 이제는 개인화(Customizing)한 큐레이션 서비스로의 진화를 통해 4세대 구독서비스를 제시하고 있다.

지금까지의 구독서비스는 소비자가 일방적으로 선택한 상품을 그대로 제공하는 형태였으나 4세대 구독서비스는 상품의 구성까지도 공급자에게 맡겨서 전문적인 선택을 손쉽게 제공받는 것이다. 예를 들어 꽃구독 서비스로 구독시장의 선두주자로 나온 꾸까는 2주에 한 번 꽃다발을 배달해준다. 개인 맞춤형 건강기능식품 구독서비스 'IAM(아이엠)'을 출시한 모노랩스는 구독한 영양제를 시간대별로 소분해 소비자에게 개별 배송해준다. 국내 최초로 전통주 구독서비스를 실시한 술담화는 매달 회사가 엄선한 2~4종의 전통주와 각 술에 담긴 이야깃거리를 제공한다. 점심 구독서비스 위잇딜라이트를 선보이고 있는 위허들링은 1일 6,600원에 매일 다른 메뉴의 도시락을 배달해 준다.

이러한 구독시장의 변화는 '소유'를 위해 고액을 지불하기보다는 '사용'을 통한 편익에 집중하게 된 현 소비자 트렌드를 반영한 것이라 할 수 있다.

소비자의
ESG 성향을 파악하라

　ESG의 물결 속에서 기업들은 소비자의 ESG 성향을 제대로 파악하고 있을까? 소비자들이 기업의 ESG활동에 얼마나 민감하게 반응하고 있으며 기업의 ESG활동이 소비자 행동에 어떠한 영향을 미치는지 알아보기 위해 507명의 국내 일반소비자를 대상으로 인식 조사를 실시했다.

　다음 설명은 무슨 암호 같아 보이지만 19세기부터 현재까지 사용되고 있는 소비자 구매행동 모델들이다. 이러한 소비자 행동은 산업 생태계가 변화되면서 자연스럽게 진화할 수밖에 없었다. 하루가 다르게 변화되고 있는 현대사회에서는 이보다 더 빠르게 변하고 있는 것이 사실이다.

AIDA   ≫   AIDMA   ≫   AIDCA   ≫   AISAS

- **AIDA** Attention(인지) → Interest(관심) → Desire(욕망) → Action(구매)
- **AIDMA** Attention(인지) → Interest(관심) → Desire(욕망) → Memory(기억) → Action(구매)
- **AIDCA** Attention(인지) → Interest(관심) → Desire(욕망) → Conviction(확신) → Action(구매)
- **AISAS** Attention(인지) → Interest(관심) → Search(검색) → Action(구매) → Share(공유)

그럼에도 불구하고 소비자 구매행동의 근본은 변하지 않는다. 상황에 따라 조금씩 바뀔 뿐이다. 지금부터 이야기할 '기업들의 ESG활동과 소비자 구매행동'은 기존에 사용되던 모델의 일부분과 ESG 및 소비자 행동에서 중요한 요소로 사용되고 있는 '이해관계자 가치', '심리적 거리', '구매의도'를 적절히 조합하여 활용하였다. 즉, 'A(Attention, 인지)-ESG요소', 'I(Interest, 관심)-이해관계자 가치', 'C(Conviction, 확신)-심리적 거리', 'A(Action, 구매)-구매의도'로 연결하여 해당 요소를 잘 하고 있는지와 영향력 등을 근거 있는 방향성으로 분석한 것이다.

ESG에 대한 소비자 인식조사 결과(n=507명)

Environment
70.9점

Social
70.3점

Governance
67.0점

국내 소비자들은 기업들의 ESG 활동요소 중 지배구조(G)를 다른 요소들에 비해 잘하지 못하는 것으로 인식하고 있었다. 특히, '소액주주 권리 보호', '뇌물 및 부패 해결', '내부고발자 지원' 등에 대해서는 더 야박하게 평가하는 것으로 나타났다. 이런 결과가 무리가 아닌 것이 '대기업 지분 대물림', '경영권 분쟁', '공금횡령 및 배임', '주가조작' 등의 소식들을 너무나도 자주 접했고, 이를 통해 소비자들은 큰 박탈감, 배신감 등을 느꼈기 때문일 것이다.

실제로 지배구조는 기업의 지속가능성 원천이자 척도로 인식되고 있다. 투명하고 체계적인 지배구조는 새로운 기업가치를 창출하고 소비자들로 하여금 기업에 대한 신뢰도를 증대시키기 때문에 향후 기업성장과 성과에 상당한 영향을 미치게 되는 것이다.

전문가들도 지배구조의 중요성을 특히 강조한다. 이는 기업이 의사결정을 내리면서 관련된 이해관계자들의 이익을 보장하는 시스템이기 때문에 투명하고 민주적인 형태로 갖춰져 있지 않다면 여러 이해관계자들과의 충돌을 피할 수 없기 때문이다. 소수의 독단적인 의사결정으로 인해 이러한 것들이 고려되지 않는다면 회사경영에도 치명적인 패착이 될 수밖에 없다.

국내 기업들 대부분은 아직도 창업주나 그 후손들이 대물림하여 직접 경영하는 경우들이 많다. 하지만 미국 등 선진국의 경우 그 비율이 상대적으로 낮다. 이는 오랜 자본시장 역사 내에서 그 흐름에 따라 지배구조가 진화하였기 때문이다. 이에 따라 국내 자본시장에서도 지배구조 개선 이슈가 본격화될 수밖에 없을 것이다.

소비자들은 ESG 요소 중 환경(E) 측면에 대해 그래도 호의적으로 인식하고 있었다. 그도 그럴 것이 투자 측면에서는 신재생 에너지, 기후변화 등 환경분야에 돈이 몰리고 있고, 정부에서도 가열차게 관리하고 투자하는 분야이기 때문에 기업 입장에서는 관심을 많이 가질 수밖에 없을 것이다.

글로벌 ESG 채권 및 부채시장 규모 추이

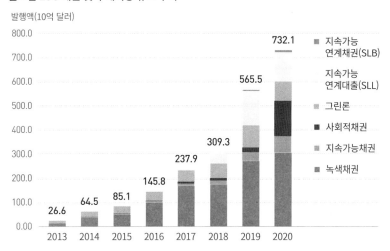

발행액(10억 달러)

ESG채권은 채권을 발행하여 조달된 자금의 사용 목적에 따라 녹색채권, 사회적채권, 지속가능채권 등으로 구분한다. 이 중 녹색채권의 비중은 지속적으로 증가하여 2020년 기준 41% 정도의 비중을 차지한다.

※ 블룸버그 NEF, Veronika Henze(2021.01.11.)

이러한 상황에서 국내 기업의 환경분야 대응에 대해 소비자들은 '환경관리 프로그램 및 환경품질 관련 인증', '재생가능에너지 사용' 등은 상대적으로 잘 하고 있는 것으로 인식하고 있었다. 하지만 '온실가스 배출관리', '배출된 폐기물 관리' 등에 대해서는 다소 회의적인 반응을 보였다.

이를 곱씹어 생각해 보면, 온실가스나 폐기물 등의 관리는 매출과 직접 관련이 있는 부분이기 때문에 기업 입장에서는 쉽게 바꿀 수도 없고 대응하기도 녹록치 않을 수 있다. 하지만 이 부분이 중요하기 때문에 더 신경 써야 한다는 것을 소비자들이 지적한 것이다.

2016년 10월, 언론을 통해 대대적으로 보도되었던 '태광산업 방사능 폐기물 불법 보관 사건'을 기억할 것이다. 국내 굴지의 합성섬유 제조 업체인 태광산업의 울산 3공장에서 약 2,000억 원에 이르는 처리비용을 아끼기 위해 십여 년간 방사성 폐기물을 불법 보관하다가 적발된 사건이다. 더 놀라운 것은 이와 같은 사실을 내부 관계자들도 모를 정도로 부실하게 관리했다는 점이다.

이와 함께 소비자들의 분노를 더욱 자극한 것은 그 당시 태광산업의 태도였다. 환경을 파괴하는 엄청난 사태를 일으켰음에도 불구하고 제대로 된 사과나 반성 없이 '크게 위험하지 않다'는 식으로 대수롭지 않게 넘기려 했다. 이러한 무책임하고 안이한 태광산업의 모습에 소비자들은 분노를 금할 수 없었던 것이다.

일련의 사건들이 있었음에도 불구하고 아직도 기업들은 무엇이든 땅에 묻어버리면 사라질 것이라는 어이없는 생각들을 갖고 있을지 모른다. 하지만 소비자들은 이제 기업들의 그러한 행위가 엄청난 살상력을 가진 부메랑이 되어 우리에게 돌아온다는 사실을 너무나도 잘 알고 있다. 기업들은 환경에 대한 무관심과 이기심이 훗날 자신들에게 반드시 독배가 된다는 사실을 명심하고, 매의 눈으로 바라보고 있는 소비자들을 항상 두려워해야 할 것이다.

| 사회활동, 긴 호흡으로 투자해라 |

ESG 요소 중 사회(S) 요소는 다른 요소들에 비해 상대적으로 접근이 용이하면서도 한편으로는 상당히 어려운 영역이다. 발생할 수 있는 리스크의 범위가 더 넓고 다양하기 때문이다. 근무환경과 노사관계, 제품 품질과 안전, 고객만족, 양성평등, 중소기업 지원, 일자리 창출, 취약계층 지원 등 이외에도 다양한 분야의 여러 요소들을 포함하고 있다. 그래서 그만큼 신경써야할 부분이 더 많다는 것을 의미한다.

이렇듯 '가깝고도 먼' 기업들의 사회(S)활동에 대해 국내 소비자들은 그래도 환경(E)에 준하게 호의적으로 인식하고 있었다. 이에 대한 이유로 다른 요소들에 비해 국내에서 오랫동안 사회적 책임활동을 해왔기 때문으로 해석할 수 있다. 국내 연구들을 살펴보면 우리나라 대부분의 기업들이 1990년대 이후 사회적 책임활동을 시작했다고 하지만, 사실 기업의 사회적 책임은 현대기업의 역사와 같이 시작했다는 것이 더 설득력 있다. 왜냐하면 근·현대기업이 탄생했던 19세기 후반부터 사회적 책임활동을 했기 때문이다. 그럼에도 불구하고 소비자들은 국내 기업들의 '산업보건, 안전사고 프로그램 및 감소' 등에 대해서는 상대적으로 회의적인 인식을 갖고 있었다.

최근에 대형 사고가 연이어 터졌다. 양주 삼표산업 채석장 붕괴사고로 인한 산재사망사고, 광주 화정아이파크 붕괴사고, 쿠팡 물류센터 노동착취로 인한 계약직 근로자 사망사고가 한몫한 것 같아 씁쓸하기까지 하다.

근로자들의 근무환경을 개선하거나 지역사회에 기여하는 등의 사회활동은 곧바로 기업가치나 성과로 이어지지는 않는다. 하지만 긴 호흡으로 보면 기업의 가치나 성과를 증대시키는 것 이상의 중요한 요소임을 알 수 있다. 더군다나 기업의 사회활동은 단순한 사회적 책임활동을 넘어 중요한 이해관계자인 소비자와의 상호관계를 형성할 수 있는 커다란 축이라는 것은 부정할 수 없다. 이에 기업들은 경기가 어려울지라도 단기적인 경영성과에 매몰되기보다 사회문제 해결을 통해 소비자들과의 심리적 거리를 좁힐 필요가 있다. 이를 바탕으로 기업활동 전반의 가치창출로 승화시킨다면 더할 나위 없을 것이다.

| MZ세대의 민감한 소비심리를 읽어라 |

MZ세대의 소비행태는 눈여겨 볼만하다. MZ세대는 1980년에서 2000년 사이에 출생한 밀레니얼 세대와 1995년에서 2010년 사이에 출

생한 Z세대를 합친 것으로, 디지털 환경에 익숙해 모바일을 우선 사용하고 최신 트렌드와 남과 다른 이색적인 경험을 추구하는 특징을 보인다. 특히 SNS를 기반으로 자본시장에서 강력한 영향력을 발휘하는 소비 주체로 부상하고 있다.

좋고 싫음을 분명히 밝히는 MZ세대. 기성세대들은 그들의 패턴을 보고 일관성을 찾기 힘들어 한다. 그도 그럴 것이 가성비, 가심비를 따지면서도 긴 시간 동안 줄을 서서 자신들이 선호하는 명품을 구입한다. 개인의 행복, 공유, 경험 등을 중시하는 소비 특성을 보이고, 좋고 싫음이 분명하여 단순히 제품이나 서비스를 구매하는데 그치지 않고 사회적 가치 등 자신의 신념을 표출하는데 매우 적극적이다. 또한 미래보다는 현재에 집중하고 있어 자신들이 사고자 하는 제품이나 서비스가 있다면 그것을 구매하고 투자하는데 아낌없는 모습을 보이는 세대이기도 하다. 전통적인 브랜드가 출시한 레트로(Retro), 뉴트로(New-tro) 감성에 열광하면서도 자신들의 가치나 신념에 반한다고 생각되면 가차 없이 보이콧을 외치기도 한다.

한편 남들에게 보여주기에는 진심이면서 환경이나 동물을 위해 포기할 줄도 아는 그런 세대이다. 그렇기 때문에 일관성이 없어 보일 수 있지만 사실 이들은 너무나도 올곧게 일관성을 유지하고 있다. 그들이 할 수 있는 일, 자신에게 집중할 수 있는 일을 하는 것이기 때문이다.

ESG에 대한 소비자 인식 조사 결과

구분	전체	MZ세대	X세대	BB세대
환경(E)	70.9	69.7	70.5	73.5
환경관리 프로그램 및 환경품질 관련 인증 등을 잘 하는 것 같다	72.6	71.2	72.2	75.4
재생가능에너지 등의 사용을 잘 하는 것 같다	71.9	70.6	71.7	74.8
이산화탄소 등 온실가스 배출관리를 잘 하는 것 같다	69.7	68.9	68.8	72.2
배출된 폐기물 관리 등을 잘 하는 것 같다	69.2	68.0	68.8	71.8
사회(S)	70.3	69.1	70.1	73.0
산업보건, 안전사고 프로그램 및 감소 등을 잘 하는 것 같다	69.1	67.2	70.6	71.4
지역사회 기부, 인권 및 공정거래 등을 잘 하는 것 같다	70.9	70.6	69.3	73.3
제품 품질 개선 및 품질경영 등을 잘 하는 같다	70.9	69.5	70.3	74.3
지배구조(G)	67.0	65.9	66.2	70.0
CEO와 이사회 위원장 역할 분리, 이사회 독립성 보장 등을 잘 하는 것 같다	67.9	66.4	66.8	71.6
감사, 지명위원회 및 보상위원회의 독립성 보장 등을 잘 하는 것 같다	67.6	66.4	66.9	70.8
뇌물 및 부패 관련하여 공식적으로 해결하고 내부 고발자 지원정책 등을 잘 하는 것 같다	65.8	64.3	65.2	69.5
이사회 급여를 ESG 성과와 연결하고 그에 따라 사외 이사에게 성과 인센티브 제공 등을 잘 하는 것 같다	66.6	65.6	66.0	68.9
이사회와 회사의 행동강령 공식화 등을 잘 하는 것 같다	67.8	67.3	66.7	69.7
중요한 이사회 및 회사 정보 공개 등을 잘 하는 것 같다 (예 : 이사 프로필·급여·지분, 정치 기부금, CSR·지속 가능 보고서)	67.9	66.8	66.7	71.1
소액주주 권리 보호 등을 잘 하는 것 같다	65.5	64.3	65.1	68.4

※ N=507(단위: 점/100점)

국내 기업들의 ESG를 바라보는 인식도 MZ세대는 참으로 일관되게 평가했다. MZ세대 역시 ESG 중에서 국내 기업들의 지배구조(G)를 가장 못한다고 평가했고, 그 중에서도 '소액주주 권리 보호', '뇌물 및 부패 해결', '내부고발자 지원' 등에 대해서는 특히 민감하게 반응했다. 그리고 환경(E) 측면에서는 '온실가스 배출관리', '배출된 폐기물 관리', 사회(S) 측면에서는 '산업보건, 안전사고 프로그램 및 감소' 부문에서 자신들의 민감한 의지를 보여 주었다.

MZ세대들은 말보다는 행동이 우선한다. 생각하고 계산하기보다는 현재 상황에 대해 받아들인 느낌을 직설적으로 솔직하게 표현하는 성향이 다른 세대들에 비해 단호하다고도 할 수 있다. 그들은 환경을 위해 동물성 식재료나 동물실험을 거친 성분을 사용하지 않는 비건 제품을 선호하고, 달리면서 길가의 쓰레기를 줍는 플로깅(Plogging)을 즐기며, 지구촌 전등 끄기 캠페인인 어스아워(Earth Hour)에 적극적으로 참여하는 세대이다. 이들이 바라보는 시선을 기업들은 분명히 주목할 필요가 있으며, 그들을 이해하고 소통하며 심리적 거리를 좁혀나가야 할 것이다.

| '혼쭐'과 '돈쭐', 양 날의 칼을 쥔 소비자를 사로잡아라 |

"돈쭐 내주자"

기업이 불평등 또는 불공정 행위를 할 때 이를 처단하는 불매와 선한 기업들에게는 매출을 증대시켜 주는 의미로 사용되는 말이다. 그만큼 소비자들의 ESG 관련 소비성향은 기업들에게 더 이상 '옵션이 아닌 기본적인 요소'로 의식전환이 되고 있다.

이러한 소비자들의 인식은 조사결과에도 나타났다. 대한상공회의소에서 2021년 발표한 'ESG경영에 대한 국민인식 조사'에 따르면 응답 소비자의 63.0%가 '제품 구매 시 기업의 ESG활동을 고려한다'고 답했다. 또한 'ESG활동에 부정적인 기업 제품을 구매하지 않은 경험이 있다'고 답변한 비율도 70.3%에 이르고, '추가 가격을 지불하더라도 ESG활동이 우수한 기업 제품을 구매하겠다'고 대답한 비율도 88.3%로 상당히 높게 나타났다.

남양유업의 대리점주 폭언 및 강매, 미스터피자 갑질 및 횡령 사태는 소비자들이 혼쭐 내주는 것을 넘어서 기업의 존폐 문제로까지 커진 사건들이다. 이에 비해 오뚜기는 정규직 99% 비율 유지, 상속세 1,500억 원 전액 납부, 12년째 진라면 가격 동결 등으로 '갓뚜기(God+오뚜기)'라는 별명까지 얻으며 긍정적인 기업 이미지를 쌓았다.

이처럼 ESG는 이제 기업과 투자자들만의 전유물이 아닌, 일반 소비자들에게도 상당히 민감한 요소가 됐다. 이에 따라 노스페이스의 착한 소비 프로젝트 '노스페이스 에디션', 무신사의 '비사이클 프로젝트', 블랙야크의 '페트 줄게, 새옷 다오 캠페인' 등처럼 이제는 기업들이 먼저 움직이고 있다. 이는 어찌 보면 당연한 수순이며 결과이다. 소비자들의 ESG에 대한 의식이 상당한 수준에 올라가 환경, 사회적 책임, 투명한 지배구조 등을 이유로 정치적·사회적 신념과 같은 자기만의 의미를 소비행위를 통해 적극적으로 표현하는 미닝아웃*이나 보이콧 등이 증가하기 때문이다.

기업을 영위하는 목적은 궁극적으로 소비자들에게 사랑받는 것이다. ESG를 단순히 투자를 받기 위한 수단으로만 접근한다면 그 생명력은 오래 가지 못할 것이 분명하다. 또한 업종을 불문하고 소비자들이 기업을 움직이고 있다는 것도 항상 명심해야 한다.

---

* 미닝아웃(Meaning Out)
신념을 뜻하는 '미닝(Meaning)'과 벽장 속에서 나온다는 뜻의 '커밍아웃(Coming out)'이 결합된 단어로 정치적·사회적 신념과 같은 자기만의 의미를 소비행위를 통해 적극적으로 표현하는 것.

ESG와
소비심리의 상관관계

한때 세계 최대 갑부였던 마이크로소프트 창업자 빌게이츠는 "우리는 앞으로 2년 뒤에 닥쳐올 변화에 대해서 항상 과대평가한다." 라고 말했다. 그의 말처럼 세상은 너무나도 빨리 변하고 있기 때문에 소비자들은 이에 대해 민감하게 반응할 수밖에 없을 것이다.

현생 인류의 학명은 지금으로부터 약 4만 년 전에 나타난 호모 사피엔스(슬기로운 사람)이다. 230만 년 전에 지구에 나타난 호모 하빌리스(손재주 있는 사람) 이래로, 170만 년 전에 나타난 호모 에렉투스(서 있는 사람)로 진화한 것이 인류의 조상이라고 보고 있다. 수백만 년의 세월을 거쳐 겨우 4만 년 전에야 호모 사피엔스를 인간이라는 이름으로 규정할 수 있게 된 것이다. 이에 비해 눈곱만큼도 안 되는 기간 동안 인간, 즉 소비자에게 붙은 이름은 스마슈머(가격과 성능을 비교할 뿐 아니라 자신의 편의와 라이프스타일에 꼭 맞는 제품을 사는 똑똑한 소비자), 스토리슈머(제품과 관련된 자신의 이야기와 사연을 적극적으로 알리는 소비자), 모디슈머(제품을 제조사에서 제시하는 방법대로 따르지 않고 자신만의 방식으로 재창조해 내는 소비자), 트라이슈머(기업이 제공하는 정보보다는 자신이 직접 체험하기를 원하는 능동적이며 적극적인 소비자), 퍼슈머(식재료의 원산지까지 따져가며 꼼꼼하게 제품을 선택하는 깐깐한 소비자), 그린슈머(친환경·유기농 제품을 선호하고 환경보호를 추구하는 소비자) 등 참으로 많다. 지금도 소비행태의 진화에 따라 소비자를 칭하는 수많은 파생어들이 탄생하고 있다.

미래학의 석학 앨빈 토플러(Alvin Toffler)가 그의 저서 『제3의 물결(The Third Wave)』에서 처음 사용한 프로슈머(Prosumer, 소비자가 소비는 물론 제품 개발, 유통과정에까지 직접 참여하는 '생산적 소비자')라는 용어가 나온지도 벌써 42년이 지났다. 1980년 당시, 21세기에는 생산자와 소비자의 경계가 허물어질 것이라는 예견으로 이 용어가 처음 사용됐다.

바야흐로 'ESG슈머'의 시대가 왔다고 확신한다. 'ESG슈머'는 현재 세상을 바꾸고 있는 ESG와 Consumer(소비자)를 합성한 말로, 소비를 통해 기업과 정부·기관들의 환경, 사회, 지배구조 등 ESG경영에 대해 직·간접적으로 영향력을 행사하는 소비자를 말한다. 생산자와 소비자의 경계가 허물어질 것이라는 예견으로 프로슈머가 사용된 것처럼 향후 ESG경영에 소비자의 영향력은 기하급수적으로 강해질 것이다. 따라서 우리 저자들은 'ESG슈머'와 같은 신조어를 처음 제안하는 것이 그리 억지스러운 일이 아니라고 생각한다. 또한 ESG경영에서 소비자를 규정함에 있어 반드시 필요한 용어로 정착될 것임을 확신한다.

이는 빌게이츠의 말처럼 우리 눈 앞에 펼쳐질 미래에 대해 민감하게 반응하고 과대평가할 수밖에 없는 현실의 귀결일 것이다. 'ESG슈머'의 대두는 소비자 행동의 진화이다. 지금까지 강조한 ESG도 결국 소비자 행동이 진화함으로써 나오게 된 것임을 부정할 수 없기 때문이다.

| 소비자는 기업의 투명한 지배구조에 관심이 높다 |

다음 페이지의 그림은 국내 소비자 507명을 대상으로 기업들의 ESG 활동이 이해관계자 가치, 심리적 거리를 통해 구매의도에 어떠한 영향을 미치는지를 도식화한 것이다. 화살표대로 따라가 보자.

ESG 각 요소들에서 이해관계자의 3가지 가치로 향하는 숫자들의 범위는 -0.007~0.426이며, 이해관계자의 3가지 가치에서 심리적 거리로 향하는 숫자들의 범위는 0.168~0.503이다. 그리고 심리적 거리에서 마지막 구매의도로 향하는 숫자는 0.679로 나타났다. 이는 ESG에서 이해관계자 가치와 심리적 거리 그리고 구매의도로 갈수록 숫자가 커지는 경향을 보인다는 것을 확인할 수 있다. 즉, 기업들의 ESG활동을 통해 이해관계자의 가치를 높이고, 그들과의 심리적 거리를 좁힌다면 소비자 구매의도는 높아진다는 것이다.

ESG 인식이 미치는 소비자 구매패턴 영향력 분석 결과(n=507명)

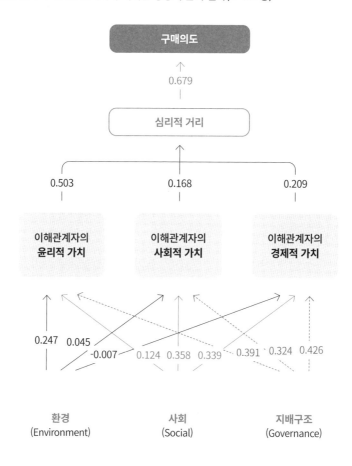

이해관계자는 주주, 고객, 공급자, 종업원 등의 범위를 넘어 기업의 경영목표에 영향을 주고받을 수 있는 기업의 주인을 말한다. 그들이

생각하는 가치는 곧 기업의 가치로 연결될 만큼 중요한 것이다. 이런 이유로 ESG의 각 요소들이 이해관계자 가치에 어떠한 영향을 미치는지를 살펴본 것이다.

일반 소비자들은 국내 기업들이 ESG요소 중 지배구조(G)를 상대적으로 잘하지 못하는 것으로 인식하고 있었다. 이는 ESG와 이해관계자 가치와의 관계에서도 여실히 드러난다. 지배구조에서 이해관계자 가치로 향하는 숫자의 범위가 0.324~0.426으로 환경과 사회요소 대비 크게 나타난 것이다. 모든 ESG활동이 중요하지만 소비자들에게는 환경과 사회보다도 투명하고 진실된 지배구조의 제공이 긍정적인 영향을 미친다고 판단할 수 있는 것이다.

한편 ESG의 각 요소별로 살펴보면, 환경(E)은 이해관계자의 윤리적 가치*, 사회(S)는 사회적 가치* 그리고 지배구조(G)는 경제적 가치*와의 상관관계가 높은 것으로 나타났다.

결국 각 요소별로 집중했을 때 효과적으로 나타날 수 있는 가치를 대변한 것이다. 예를 들어, 기업들이 환경활동을 함에 있어 모든 가치를 어필한다면 더할 나위 없겠지만 물리적으로 한계가 있다. 그렇기 때

---

* **윤리적 가치**   기업이 소비자에게 제공하는 제품 또는 서비스로부터 개인이 지닌 도덕적 신념에 부합하는 것을 얻을 때 발생하는 가치.

* **사회적 가치**   특정한 사회집단과 관계된 제품 또는 서비스를 구매함에 있어 얻을 수 있는 가치. 즉, 사회의 이익과 관련이 높은 제품 또는 서비스 구매를 통해 타인에게 좋은 인상을 심어주고자 하며 자기 자신을 누구보다 더 나은 소비자라고 인식.

* **경제적 가치**   소비자가 제품 또는 서비스 구매를 위해 지불한 비용 대비 이를 통해 제공 받은 품질 등의 가치.

문에 '윤리적 메시지' 등에 집중하는 것이 효율적이며, 이 때 인풋(Input) 대비 아웃풋(Output)이 좀 더 나올 가능성이 있다는 것이다.

| 이해관계자 가치를 통해 심리적 거리를 좁혀라 |

"심리적 거리를 어떻게 조정하느냐에 따라 일의 성패가 결정된다."

해석수준이론(CLT, Construal Level Theory)을 주창한 텔아비브대학교 니라 리버먼(Nira Liberman) 교수와 뉴욕대학교 야코프 트로프(Yaacov Trope) 교수가 한 말이다.

심리적 거리는 시장과 관계된 모든 분야에서 매우 중요한 요소이다. 특히 소비자 행동과 연관성이 높은데, 소비자가 제품을 어느 정도로 해석하는지, 어떻게 평가하고 행동하는지에 대해 심리적 거리는 큰 영향을 미친다.

그렇다면 심리적 거리는 무엇을 말하는 것인가? 쉽게 말해 특정 제품이나 브랜드가 자신과 심리적으로 얼마나 멀고 가까운지에 대한 느낌을 말한다. 즉, '시간적 또는 공간적으로 가까운지', '친근한 건지', '유사성은 있는 건지' 등이 심리적 거리의 조건이 된다.

소비자들은 기업들의 ESG활동을 인식하고 이해관계자 가치를 통해 심리적 거리까지 오는 동안에 점점 영향력이 높아진다. 특히 이해관계자의 윤리적 가치와 심리적 거리와의 상관관계가 높은 것으로 나타나 다른 가치 대비 소비자와의 심리적 거리를 좁히는데 이해관계자의 윤

리적 가치가 상대적으로 중요한 요소임을 추론할 수 있다. 이는 기업
들의 ESG활동을 통해 긍정적이고 진정성 있는 이해관계자 가치를 제
공하면 소비자들의 심리적 거리가 더욱 줄어든다는 것을 의미한다. 그
리고 이를 통해 높은 구매의도로 연결시킬 수 있는 것이다.

서로 간의 심리적 거리를 줄이는 것이 꼭 어려운 것만도 아니다. 나
에게 필요한 사람은 누구인지 그리고 그 사람이 무엇을 필요로 하는지
만 정확히 파악한다면 말이다. 기업들도 소비자들이 원하는 ESG가 무
엇인지 그리고 무엇을 필요로 하는지 등을 알고 움직인다면 그들과의
심리적 거리를 좁히는데 문제 없을 것이다.

| 소비자는 제품 구매 시 기업의 ESG활동을 고려한다 |

소비자들은 기업들의 ESG를 중요하게 생각하고 있으며, 이러한 인식
은 구매의도에도 많은 영향을 미치고 있다. 결국 소비자들에게 찍히면
보이콧, 소비자들이 볼 때 잘한다고 생각하면 바이콧, 돈쭐 등의 미닝
아웃 현상이 뚜렷해지고 있는 것이다.

ESG가 중요한 만큼 기업들이 이를 대수롭지 않게 생각한다면 어떻게
될까? 당연히 소비자들은 외면할 수밖에 없다. 2015년, 세계적인 자동차
브랜드인 폭스바겐이 1,070만 대의 디젤차량을 대상으로 배기가스 소프트
웨어를 조작했다고 시인한 디젤게이트 사건이 초래한 결과를 예로 보자.

폭스바겐은 2008년 청정 디젤엔진 TDI를 발표했다. 당시 디젤 차량

은 가솔린에 비해 연비는 좋지만 대기환경에 치명적인 약점을 갖고 있기 때문에 폭스바겐의 이러한 발표는 매우 화제가 되었다. 폭스바겐은 자신들의 청정 디젤엔진이 '질소산화물(NOx) 배출이 적고 친환경적'이라고 대대적인 광고캠페인을 벌였고, 평소 환경문제에 관심이 많고 대기오염의 심각성을 잘 알고 있는 소비자들에게 강한 인상을 남기게 되었다. 당연히 폭발적인 판매로 이어지게 되었다.

하지만 자동차 역사에서 좋지 않은 의미로 한 획을 그은 '디젤게이트'는 오래지 않아 뜬금없는 곳에서 터지게 되었다. 교통문제를 연구하는 비영리단체인 국제청정교통위원회(ICCT, International Council on Clean Transportation)가 미국에서 폭발적으로 판매되고 있는 폭스바겐 차량을 모범 사례로 보고 정밀 분석을 의뢰한 것이다. 유럽에 비해 훨씬 더 까다로운 미국의 환경기준에서 돌풍을 일으키고 있었기 때문에 당연히 모범 사례로 보았던 것이다. 하지만 시험 결과가 이상했다. 실내 검사에서 나온 배출가스 수치와 실제 도로에서 달릴 때의 수치가 전혀 달랐다. 미국 기준보다 약 40배나 많은 배출가스가 주행 시 발생했던 것이다. 결국 정밀 검사에 들어갔고 주행 시험 시에는 배출가스 저감장치가 작동했지만, 실제 도로에서 주행 시에는 작동하지 않도록 소프트웨어를 조작한 것이 밝혀졌다.

이 사건으로 폭스바겐의 이미지는 급속도로 추락했고, 전 세계 소비자들은 집단소송과 함께 불매운동까지 벌였다. 폭스바겐은 시가총액의 약 40% 정도 급락했으며, 미국에서만 147억 달러(약 18조 원)를 배상했고, 수백만 소비자들의 집단소송을 불러 일으켰다.

Environment

Part 03

그들은 어떻게
ESG경영에
성공했을까?

글로벌 기업의
ESG 성공사례

ESG는 기업들의 지속가능성장을 위해 아주 중요한 요소가 되었다. 특히 소비자 중심의 경영과 부합되는 가치라고 볼 수 있다. 이렇듯 소비자들의 영향력이 강화되는 변화 속에서 가치소비를 창출하고 소비자 평판을 관리할 필요가 절대적으로 필요한 상황에서도 ESG와 같은 혁신적 가치소비를 외면해 호되게 혼쭐 나는 기업들이 있다. 반면 신뢰를 기반으로 하여 본질적인 소비자 가치 창출에 집중하는 ESG 비즈니스 모델을 만들어 승승장구하는 기업들도 많다.

전 세계적으로 ESG가 공식적인 용어로 등장한 것은 2004년이지만,

거슬러 올라가보면 산업혁명 시대부터 그 뿌리를 찾을 수 있다. 1차 산업혁명에서 산업 자본주의에 자리를 내줬고, 2차 산업혁명에서는 기업 자본주의와 금융 자본주의를 탄생시켰다. 그리고 3차 산업혁명에서 정보 자본주의의 시대를 열었고, 현재 4차 산업혁명에서 이해관계자 자본주의를 부활시키기까지 ESG는 수많은 자본주의의 수정과정에서 탄생한 기업의 생존전략이라고 할 수 있다.

이러한 길고 복잡한 진화과정 속에서 전 세계의 산업을 주름잡고 있는 글로벌 기업들은 어떻게 ESG에 대응했을까? 소비자들의 렌즈로 바라본 성공적인 ESG 사례들을 살펴보면 좀 더 나은 소비자 가치를 창출하기 위해 어떻게 해야 하는지 체감할 수 있을 것이다.

| 환경(E) : 에어버스 "위기를 기회로" |

COVID-19 팬데믹으로 직격탄을 맞은 업종은 많다. 그중에서도 항공업계는 여객기 이용객의 급격한 감소로 인해 더 암울한 3년을 보냈다. 그렇다면 이들에게 항공기를 제작하여 납품하는 기업은 어떨까? 두말하면 잔소리일 것이다. 여객기 이용객이 줄어들자 항공사들은 보유 항공기마저 처분해야 하는 지경에 이르렀기 때문에 영업에도 심각한 차질이 빚어졌다.

세계 2대 항공기 제작사 중 하나인 에어버스(Airbus)도 마찬가지였다. 참고로 많은 사람들이 미국기업으로 알고 있는데 그것은 보잉이고, 에

어버스는 유럽의 항공기 제작사이다. 미국의 항공산업 독주를 견제하기 위해 유럽이 연합해서 설립했다고 보면 된다.

항공기 업계의 거대 공룡인 그들도 COVID-19 앞에서는 버틸 재간이 없었다. 2020년 그들은 전체 임직원의 약 10%에 달하는 15,000명을 감원하는 계획까지 검토했다. 이러한 극한 와중에 있는 에어버스를 성공사례로 꼽은 이유는 바로 ESG다. 그 중에서도 에어버스는 환경(E)경영을 통해 지속가능발전을 도모하고 있다. 그들의 ESG활동은 이렇다.

"이산화탄소 배출량을 공개하지 않는 회사에 투자하는 것은 재무상태표를 공개하지 않는 회사에 투자하는 것과 같다."

에어버스 'ZEROe' 컨셉 항공기

2019년, 대표적인 행동주의 헤지펀드*인 영국의 TCI펀드(The Children's Investment Fund)는 자신들이 투자하고 있는 기업들에게 이산화탄소 배출량 및 배출감소 계획을 공개하지 않는 기업의 임원들을 처벌하겠다고 발표했다. 그런 TCI펀드가 투자하고 있는 대표적인 기업 중 하나가 에어버스다.

　　에어버스는 COVID-19로 힘든 시기를 보냈지만, 이를 지속가능성장을 위해 길게 호흡하는 것이라고 생각하고 에너지·전력 소비량, 이산화탄소 배출량, 물 소비량, 쓰레기 배출량 등 민감할 수도 있는 환경 데이터를 공개하기 시작했다. 사실 에어버스의 친환경 정책은 그 이전부터 이미 시작되었다. 수소로 운행되는 기후중립 항공기를 제작하겠다고 선포한 이후 2000년 9월에는 이에 대한 프로토타입*을 소개하며 친환경 항공기 개발에 박차를 가했다.

　　현재 에어버스는 2035년까지 상용화할 수 있는 '탄소배출 제로' 항공기를 만들고 있다. 지금까지 코드명 'ZEROe'로 불리는 3가지 콘셉트의

---

* 헤지펀드(Hedge Fund)　단기이익을 목적으로 소수의 투자자로부터 자금을 모아 국제시장에 투자하는 펀드. 투자지역이나 투자대상 등 당국의 규제를 받지 않고 높은 수익을 노릴 수 있지만 그에 따른 투자위험도 높음.

* 프로토타입(Prototype)　제품 또는 서비스의 본격적인 개발에 앞서 성능 등을 검증하고 개선하기 위해 핵심기능만 넣어 제작한 시제품.

항공기 라인업이 공개되었다. 2022년 2월에는 차세대 수소비행기 추진 기술을 탑재한 엔진을 현재 운행 중인 항공기에 장착해 시험하고 있다.

일각에서는 항공업의 경우 현재 기술로는 완전한 기후중립에 도달하는 것이 불가능하다고 본다. 하지만 에어버스는 지속적인 친환경 항공기를 개발하는데 전력을 다하고 있다. 대부분 항공기가 최소한 2050년까지는 기존의 전통적인 제트엔진에 의존할 것이라는 업계의 관측을 뛰어넘어 2035년에 '탄소배출 제로' 항공기가 상용화될 때까지 말이다.

| 사회(S) : 페이팔 "건강한 사회적 가치 창출" |

다국적 컨설팅 회사인 맥킨지 앤드 컴퍼니(McKinsey & Company)의 브루스 심슨(Bruce Simpson) 고문은 "성공적인 사회(S)경영은 공정하게 직원을 대우하는데서 시작한다."라고 말했다. 즉, 직원을 공정하게 대우하고 소비와 저축을 자유롭게 할 수 있는 등 직원의 임금을 안전하게 보장하는 데서 ESG의 사회(S) 가치가 올라가게 된다는 뜻으로 풀이할 수 있다.

이러한 활동을 잘해서 내부 및 외부 이해관계자들에게까지도 호평을 받는 기업이 있다. 미국의 간편결제서비스 선도기업 페이팔(PayPal)이다. 국내에서는 카카오페이, 네이버페이 등의 득세로 소비자들에게 다소 낯설 수 있으나, 미국에서는 페이팔을 모르면 간첩이라는 소리를 들을 정도로 유명하다. 또한 실리콘밸리 스타트업 생태계에 엄청난 영향을 미친 '페이팔 마피아*'를 탄생시킨 기업이기도 하다.

이 기업의 핵심목표는 경제 가치뿐 아니라 건강한 사회적 가치를 창출하는 것이다. 이를 위해 외부 문제뿐만 아니라 내부의 문제까지도 동시에 해결해야 할 필요성을 인지했다. 물론 이 기업이 탄생한 1999년부터 이 사실을 알고 시작한 것은 아니다. 은행 서비스 이용이 어려운 작은 사업체가 자본금을 얻을 수 있는 신사업인 '페이팔 워킹 캐피탈(PayPal Working Capital)'을 준비한 2018년까지는 내부 문제까지 파악할 여유가 없었다. 외부의 어려움을 바탕으로 신사업을 기획하는 것은 잘했지만 정작 내부 직원들의 불균형한 재정 문제에 대해서는 잘 몰랐던 것이다.

실제 그 당시 경쟁사에 비해 적지 않은 급여를 받았음에도 불구하고, 페이팔 직원들의 3분의 1이 근근이 생활하고 있었다고 한다. 이에 충격을 받은 임원진은 향상된 생활수준을 위해 인종차별 없이 모든 직원들의 임금을 상향했고, 모든 직원들에게 주식을 나눠주었다. 그리고 안정적인 재정을 위한 교육 프로그램도 만들어 제공했다. 이러한 '내 사람 챙기기' 전략은 제대로 맞아 떨어졌고 직원들은 더 열정적으로 고객서비스와 업무를 하는 선순환 구조가 만들어졌다.

---

* 페이팔 마피아
  페이팔 창업에 함께 했던 초창기 팀원들을 일컫는 말. 피터 틸의 '팔란티어 테크놀로지스', 일론 머스크의 '테슬라'와 '스페이스X', 리드 호프먼의 '링크드인', 스티브 첸과 채드 헐리의 '유튜브' 등 유니콘을 넘어 초일류 기업이 된 기업들이 다수 있음.

페이팔 기부 버튼

이러한 내부 가치 상향은 자연스럽게 외부 가치를 높일 수밖에 없었다. 소외된 지역사회에 금융시스템을 연결하고, 사이버 범죄에 강력 대응하는 한편 세상에서 가장 큰 기부 플랫폼을 만드는 등 외부적인 사회적 가치는 자연스럽게 증대되었던 것이다.

현재도 페이팔은 성공적인 사회(S) 경영의 역사를 써 내려가고 있고, 소비자들에게도 사랑을 받고 있다. 실제 2021년 12월 미국 켄터키 지역을 강타한 토네이도 피해 기부금을 모으기 위해 한 라디오 채널은 일부러 페이팔 서비스를 사용했다고 한다. 진정성 있는 내·외부 활동이 결국 소비자들과의 심리적 거리를 좁힌 것이라고 할 수 있다.

| 지배구조(G) : 코닝 "내부 조직의 투명성 확보" |

산업 생태계의 급속한 진화로 경영환경이 점점 더 불투명해지면서 기업의 수명은 점점 짧아지고 있다. 다국적 컨설팅 회사인 맥킨지 앤드

컴퍼니의 분석에 따르면, 1935년에 90년에 달하던 기업의 평균 수명이 1975년에는 30년, 1995년에는 22년으로 줄어들었고, 급기야 최근 기업 수명은 평균 15년 이하까지 줄어들었다. 하지만 100년 넘는 세월 동안 탄탄하게 유지되어 현재도 '글로벌 공룡기업'이라 불리는 기업들도 제법 많다. 그 중 하나가 미국 S&P500 지수의 500대 기업에서 가장 오래된 기업 중 하나인 코닝(Corning)이다.

코닝은 1851년에 설립되어 벌써 170여 년의 역사를 갖고 있지만, 일반 소비자들에게는 다소 낯설 수 있는 기업이다. 이도 그럴 것이 일반 소비자들 대상의 B2C기업(기업이 제공하는 제품 및 서비스가 소비자에게 직접적으로 제공되는 거래 형태)이 아닌 기업들을 대상으로 하는 B2B기업(기업과 기업 간에 이루어지는 제품 및 서비스의 거래 형태)이기 때문이다.

코닝은 주로 특수 유리, 세라믹, 광섬유, LCD 유리 등을 생산하고 있다. 전 세계 LCD에 들어가는 유리의 절반 이상이 코닝과 합작사들에 의해 생산된 것이라고 보면 기업규모가 상상이 될 것이다. 특히 미국의 발명가 토머스 에디슨이 백열전구를 처음 발명해서 상용화했을 때 그 벌브(Bulb)를 만들었던 기업이기도 하다.

글로벌 공룡기업이 이토록 오랫동안 큰 병치레 없이 장수할 수 있었던 비결은 무엇일까? 바로 지속가능발전을 위한 투명하고 유연한 지배구조(G)를 갖추고 있었기 때문이다.

우선 코닝의 기업 지배구조는 적극적인 참여와 다양성을 갖춘 이사회로부터 초석을 다졌다. 여러 전문 분야에서 다양한 배경, 경력, 교육 등을 갖춘 정상급 전문가들로 구성된 이사회는 2021년 6월 기준으로 총 14명이며, 이 중 다수는 여성과 다양한 인종으로 구성되어 있다. 참고로 코닝은 2020년에 인종 다양성을 증진하기 위해 결성된 'The Board Challenge'의 이니셔티브에 합류했다.

이를 통해 기업 PR 및 평판 관련 정책과 전략(인권 및 공급망 관련 정책 등), 고용정책, 노사관계, 환경과 지역사회의 책임 모니터링 등 지속가능성 프로그램을 관리·감독하고 있다. 이들 이사회는 연 평균 5회 이상 정례적으로 소집되며, 관련 이슈가 발생하면 수시로 모인다고 한다. 그리고 2014년 출범한 주주이사거래소(SDX)*의 프로토콜을 지침으로 하여 주주와의 효과적이고 우호적인 소통을 하고 있다.

한편 CEO를 포함한 내부 리더십들이 일상적으로 리스크 관리를 하며, 이사회는 이러한 리스크 관리 프로그램의 감독을 맡고 있다. 즉, 통합된 리스크 관리 프로세스에 의해 운영되고 있는 것이다.

이외에도 반뇌물, 반부패, 경쟁 저해행위 등의 관련 법규와 효과적인 내부고발자 정책 등으로 윤리적인 사업 관행을 지키고 있다. 실제 코닝은 2020년에 확인된 중대한 부패사건이나 독점과 관련된 처분이 단 한 건도 없었다고 한다.

* 주주이사거래소
 (Shareholder Director Exchange, SDX)
 미국 주요 상장사들과 기관투자자들이 기업 경영에
 막대한 영향력을 행사하고 있는 헤지펀드 매니저들
 을 상대할 계획으로 구성된 조직.

이처럼 오랫동안 장수하는 글로벌 기업들은 이유가 있다. 미래 경쟁력을 확보하기 위해 스스로 체질개선을 두려워하지 않는 '시의적절한 변화', 장수기업의 핵심 DNA인 '유연한 소통' 그리고 사회와 소비자에게 환원되는 '지속가능한 핵심 가치' 등이 그것이다.

조직의 구조나 영위하는 사업 등은 조류에 따라서 바뀔 수도 있다. 하지만 기업의 철학과 고객에게 제공되는 핵심 가치는 변함이 없어야 한다. 결국 지배구조의 투명성을 확보해 이를 바탕으로 고객들을 포함한 모든 이해관계자들에게 신뢰를 얻는 것이 기본이라는 것을 잊지 말아야 할 것이다.

국내 기업의
ESG 성공사례

ESG와 관련된 전 세계 투자의 85% 이상은 미국과 유럽 등의 선진국이 주도하고 있다. 유럽은 이미 ESG 글로벌 기준을 선점하여 2021년 3월부터 유럽 내에서 거래하고 있는 모든 금융기업들의 ESG공시를 의무화했다. 그만큼 ESG는 거스를 수 없는 글로벌 기준이 되고 있는 것이다.

이에 비해 한국은 아직 ESG 관련한 정보 공개의 초기 단계이다. 그래도 2025년부터 자산 2조 원 이상인 유가증권시장 상장사의 '지속가능경영보고서' 공시를 의무화할 것이고, 2030년부터는 코스피 상장사를 대상으로 확대할 것이다. 이처럼 정부가 ESG에 대해 적극적으로 대응하는 것은 참 다행스러운 일이다. 더불어 소비자들의 인식이 ESG를 주목하고 있다는 사실은 향후 국내의 ESG 미래가 긍정적이라고 할 수 있다.

이미 자본시장 내에서 ESG경영을 하느냐 마느냐를 논하는 ESG 1.0 시대는 지났다. 이제는 ESG경영을 누가 얼마나 더 잘하느냐를 평가하는 ESG 2.0 시대가 다가오고 있는 것이다. 이에 시점은 다소 늦었지만 국내 기업들이 어떻게 ESG에 대응하고 있는지를 통해 국내 ESG의 미래를 살펴보자.

| 환경(E) : SK이노베이션 "친환경 기업으로 진화" |

"ESG는 한마디로 더 좋은 세상을 만드는 이노베이션"

국내 대표적인 석유회사인 SK이노베이션의 기업 PR 캠페인에 나온 카피 중 하나이다. 사실 석유회사와 ESG, 특히 친환경을 연결하는 것은 어찌 보면 상당히 모순적이다. 환경오염을 일으키는 주 요인이 석유 등을 포함한 화석연료이기 때문이다. 하지만 ESG라는 커다란 조류는 이러한 모순을 바꿔 놓고 있다.

재계 3위 SK그룹의 '황금알을 낳는 거위'인 SK이노베이션은 1962년 대한민국 정부가 세운 '대한석유공사'가 모태이다. 그 후 1982년 '유공', 2005년 'SK주식회사', 2007년 'SK에너지' 등으로 여러 차례 사명을 바꾸며 진화를 거듭했다.

ESG가 간다! SK이노베이션 GO~! – 'E 이런 S 생각 G 굿'편

현재의 SK이노베이션은 2011년에 변경한 사명이다. 이는 정체기에
접어든 정유화학산업에서 미래산업으로 성장축을 이동시키기 위한 사
업재편의 일환이었다. 하지만 이면에는 화석연료산업이 시대의 조류에

맞지 않다고 판단했을 뿐만 아니라 환경에 피해를 주는 기업으로 여겨질 수도 있다는 우려가 있지 않았나 싶다. 참고로 재계에서 SK이노베이션의 사명 변경은 대표적인 성공사례로 꼽는다. 'Innovation'이라는 추상적인 의미이지만 기존 석유사업에 한정되지 않고 사업영역을 확장하는데 오히려 도움이 되었기 때문이다.

이들이 단지 사명만 바꾼 것이라면 할 말이 없겠지만, SK이노베이션은 ESG, 특히 친환경 경영에 대해 가열찬 행보를 보였다. 먼저 석유사업 등을 물적분할해 SK에너지, SK종합화학, SK루브리컨츠, SK인천석유화학, SK트레이딩인터내셔널 등 5개의 자회사로 재편했고, 친환경 산업에서 가장 중요한 지위를 선점하고 있는 2차 전지, 즉 배터리 사업에 집중하기 시작했다. 그리고 2021년 10월에는 배터리 사업부문을 따로 SK온이라는 자회사로 분사했다. SK이노베이션은 국내 배터리 3사(LG에너지솔루션, SK이노베이션(SK온), 삼성SDI) 중 가장 늦게 전기자동차용 2차 전지 양산 라인을 구축했지만, 집중적인 투자로 가파른 성장세를 보이고 있다. 다임러그룹과 현대자동차그룹 등 글로벌 자동차회사로부터 수주가 지속적으로 증가하는 추세이다.

이러한 와중에 2021년에는 소위 잘 나가는 직영주유소 116곳의 토지, 건물, 시설 등을 약 7,600억 원에 매각했다. 재무구조 및 미래 성장동력 투자를 위한 재원 확보라고는 하나, 회사 내 캐시카우를 판다는 것은 쉽지 않은 결정이었을 것이다. 하지만 이들의 전략은 더 멀리 내다보는 것이었다. 매각 자금을 전기차 충전소와 수소 충전소 등을 건설하는데 사용함으로, 친환경 이미지로 더 빠르게 변모하는 효과를 가져올 수 있었던 것이다.

이 외에도 그들은 에너지 저장 시스템(ESS, Energy Storage System) 투자에까지 다시 집중하고 있다. 사실 SK이노베이션은 2014년 말 ESS용 배터리 전담조직을 해체하면서 관련 사업을 잠시 중단했었다. 하지만 세계 각국의 경기부양책으로 그린뉴딜 정책 등이 쏟아져 나오는 상황에서 관련 수요에 대한 확대를 바라본 것이다.

SK이노베이션은 친환경 정책을 위해 2019년 초부터 2030년까지 환경 분야 마이너스 가치를 '0(Zero)' 수준으로 만들겠다는 목표인 '그린밸런스(Green Balance) 2030' 전략을 세워 추진하고 있다. 석유업계에서는 다소 이례적인 전략이었고, 당시 그들은 지속적인 적자를 면치 못하고 있었다. 그럼에도 불구하고 회사의 정체성과 포트폴리오 등을 전면적으로 혁신하여 '친환경 에너지와 소재 중심의 글로벌 기업'으로 도약하겠다는 강한 의지를 보였다. 그들의 행보가 지속가능발전으로 연결될 그날을 기대한다.

| 사회(S) : 네이버 "공익적인 내외부 활동 성공적" |

국내에서 ESG를 가장 잘 하는 기업은 어디일까? 평가기관마다 다양한 평가기준과 방식이 있겠지만, 그래도 가장 공신력이 있고 영향력이 큰 평가는 3대 ESG지수로 꼽히는 MSCI(Morgan Stanley Capital International)의 'ESG Leaders Index'일 것이다. 국내에서는 유일하게 네이버가 최고

등급인 'AAA'를 받았다. 네이버는 2020년에 'A' 등급을 받았고, 1년 만에 2계단이나 상승하여 최고 등급을 받았다.

환경, 사회, 지배구조 각 요소별로 골고루 좋은 성과를 낸 것이 결과로 나온 것이겠지만, 그중에서도 인재양성, 고용평등과 다양성 등 사회(S) 부문에서 두드러진 성과를 낸 것으로 나타났다.

우선 내부 이해관계자인 임직원을 위한 투자를 살펴보자. 네이버의 근로문화를 정의하면 '유연하고 자기주도적'이라는 것이다. IT회사 특성상 자연스럽게 형성되었을지도 모르지만, 회사의 전폭적인 지지가 없다면 이도 가능하지 않을 것이다. 탄력적인 출퇴근시간, 각자의 일에 최선을 다하는 유연한 근무, 자기주도 성장지원, 개발자 성장 프로그램, 고용과 승진·보상·복지혜택 등의 균등한 기회, 주식연계 보상제도 등이 내부적인 동기부여와 혁신을 이끌고 있다.

이와 함께 고용평등과 다양성은 이 회사의 문화로 자리 잡았다. 회사의 절반 이상을 차지하는 밀레니얼 세대와 다양한 국적·배경·가치관을 지닌 조직원들을 바탕으로 유연한 소통과 교류를 확대하고 있으며, 이들의 근무만족도를 높이기 위해 최상의 환경과 조건을 제공하고 있다. 이 중에는 구성원의 가족들까지도 포함하고 있어 그 효과는 더욱 커졌다.

이러한 내부의 탄탄한 대응을 통해 외부의 사회(S) 활동은 더욱 탄력을 받고 있다. 네이버문화재단의 '온스테이지(Onstage) 캠페인', 네이버커넥트재단의 '소프트웨어야 놀자 캠페인' 등은 소외계층을 비롯한 전 국민에게 호응을 얻었으며, 스마트스토어와 D-커머스 프로그램 등을 바탕으로 소상공인과 창업자들이 좀 더 수월하게 사업할 수 있도록 도왔다. 그리고 2005년 7월부터 '해피빈'이라는 기부 플랫폼으로 시작한 공익 프로젝트는 '펀딩', '공감가게', '가볼까', '굿액션' 등의 캠페인으로 영역을 확대하며 더 많은 이들에게 희망을 주고 있다.

한때 네이버는 '가장 입사하고 싶은 기업'으로 1위를 유지한 적이 있었다. 지금은 그 자리를 다른 경쟁사들에게 내어준 상황이다. 최근에 있었던 몇 가지 사회적인 물의가 영향을 미치지 않았다고 할 수 없을 것이다. 이들의 공익적인 내·외부 활동들이 소비자들과의 심리적 거리를 좁혀 다시금 '가장 입사하고 싶은 기업 1위' 타이틀을 거머쥘 날을 기대해 본다.

네이버 해피빈 프로젝트
: 기부, 펀딩, 공감가게,
가볼까, 굿액션

"아무리 자식이 많아도 너는 맏이라는 걸 잊어선 안 된다. 본디 맏이란 일이 고되고 힘든 법이다. 맏이가 놀 새가 어디 있나. 묽은 걸 알고 된 걸 알아야 남을 다스려 나갈 수 있다."

LG그룹의 모태를 만든 구인회포목상회의 구인회 창업주가 평소에 장남인 구자경 전 회장에게 줄곧 했던 말이다.

대·내외적으로 유명한 LG그룹의 '장자 승계 원칙'을 말하는 것이다. 구인회 창업주가 타계한 1969년 12월 마지막 날 이후로 LG그룹은 잡음 한마디 새어 나오지 않고 70여 년간 '장자 승계'를 이뤄냈다. 구자경, 구본무, 현재의 구광모 회장까지 총 4대째 이어지고 있는 것이다.

LG그룹의 장자 승계 원칙은 재벌의 전형성을 드러내는 '족벌주의'나 '세습주의'에 불과하기 때문에 투명한 지배구조와는 관련 없다고 생각할 수도 있다. 하지만 여기서 눈여겨보아야 할 것은 경영권 승계 과정에서 편법이 자행되지 않아 오너 리스크가 없었다는 사실이다. 그래서 차기 총수에 대한 불확실성이 없다는 것이다.

불확실성이 없다는 것은 결국 오너(총수)가 바뀌어도 기존에 운영되던 것이 크게 어긋남 없이 안정적이라는 말인데, 실제로 LG그룹은 오너가 바뀌는 3번의 상황에서도 안정적인 행보를 보여 왔다. 구본무 전 회장이 별세한 2018년 5월 20일에도 LG그룹 계열사의 주가는 영향이 없었다.

여기에 덧붙여 장자에게 경영권 승계라는 특혜만을 주지 않는다. 장자라고 하더라도 혹독한 경영훈련과 함께 능력을 검증받아야지만 총

수 자리에 오를 수 있는 것이다. 이러한 LG그룹의 투명한 승계 구도는 다른 대기업들에 비해 대·내외 이해관계자들이 관대할 수밖에 없는 이유일 것이다. 왜냐하면 투명한 승계는 곧 투명한 지배구조(G)로 이어질 수밖에 없기 때문이다.

현재 구광모 회장이 승계하면서 받은 주식에 대한 상속세는 무려 7,200억 원이다. 역대 최고액이다. 공익재단 출연 등 다른 방법들로 세금을 줄일 수 있었지만, 그는 이해관계자들로부터 신뢰를 얻고 투명한 지배구조를 확립하기 위해 편법을 쓰지 않고 납부하는 방법을 택했다고 한다. 이후 구회장은 투명한 지배구조를 위한 행보에 더욱 박차를 가했다.

이사회 중심의 책임경영을 강화하기 위해 다양성을 갖춘 이사회를 구성했고, 각 분야에서 전문성을 갖춘 여성 사외이사의 영입에도 적극적이었다. 그리고 감사위원회의 권한과 독립성 강화를 위해 내부 감사부서를 설치해 재무건전성뿐 아니라 준법경영 측면에서도 감독을 게을리하지 않았다. 내부거래의 투명성과 적정성 제고를 위해 내부거래위원회도 운영했다. 더불어 주주친화적인 접근을 위해 배당정책 공시와 배당확대를 추진했다. 이를 통해 주주 입장에서의 투명성을 제고하면서 그들과의 소통을 강화해 지배구조 영역에서의 개선을 이루었다.

또한 그룹의 전 상장사를 대상으로 ESG위원회를 본격적으로 운영하고 있다. 이를 통해 환경과 안전, 사회공헌, 고객과 주주가치, 지배구조 등의 중장기적인 전략과제와 목표를 설정하고 이를 적극적으로 경영에 반영하고 있는 것이다.

이 외에도 정도경영 기업문화를 위한 'LG윤리규범 제정', 준법지원 및 감시를 전담하는 '컴플라이언스 조직' 운영 등을 통해 지배구조의 투명성 강화를 위해 노력하고 있다.

2003년 국내 처음으로 계열사 간 순환출자 구조를 해소하고 지주회사 체제로 전환한 LG그룹은 이처럼 지배구조 개선과 투명경영을 실천해 왔다. 이를 통해 향후 지속가능성장을 위한 사업동력을 확보하고 이해관계자 가치를 극대화하는데 힘쓰고 있는 것이다.

올해로 창립 75주년을 맞은 LG그룹은 그동안 크게 어긋남 없이 안정적인 성장 궤도를 그려왔다. 내노라하는 대기업들이 빠짐없이 경영권 분쟁을 일으켰음에도 LG그룹만큼은 예외였다. 아직까지는 '장자승계 원칙'이 실패하지 않은 것이고, 그로부터 만들어진 탄탄하고 투명한 지배구조가 재계 서열 4위의 글로벌 그룹을 만들어낸 것이다.

2020년 한 조사에 따르면 LG그룹과 구광모 회장이 대기업과 대기업 총수 신뢰도 부문에서 18회 연속 1위를 차지한 기록이 있다. 이는 70년 넘게 쌓아온 투명한 지배구조의 원칙이 큰 몫을 한 것으로 보인다. 이것이 재계에서 LG그룹을 '양반기업'으로 부르는 이유이기도 할 것이다.

LG그룹의 모태가 된 구인회포목상회

중소기업 및
스타트업들의 성공사례

'ESG는 중요하다'고 주장하고 있지만 규모가 작거나 시작한지 얼마 되지 않은 기업들에게는 정말 '딴 나라 얘기'로 들릴 수밖에 없을 것이다. 그도 그럴 것이 중소기업이나 스타트업들은 경영과 자금조달, 제품개발만으로도 턱 끝까지 숨이 차오른 상황이기 때문이다. 즉, 제품생산 전 과정에서 탄소배출 저감 등의 노력을 하고, 사회 소외계층들을 위해 움직이며, ESG 전담조직을 만드는 일들은 그들에게 쉽지 않은 게 사실이다. 그럼에도 불구하고 ESG를 효과적으로 활용하여 성장하고 있는 중소기업, 스타트업들도 적지 않다.

한국 국토의 절반도 안 되고, 인구가 580만 명 정도인 북유럽의 작지만 강한 나라 덴마크는 '레고', '안데르센 동화', '바이킹 후손', '낙농업', '맥주', '복지 국가' 등으로 설명할 수 있다.

전 세계 아이들에게 꿈과 희망을 주는 레고, 평생을 동화 속에 살았던 어린이들의 우상 안데르센, 유럽의 바다를 호령했던 바이킹의 후손, 우유·치즈 등으로 유명한 세계적인 낙농업 국가, 덴마크 왕실에서 인정한 세계적인 칼스버그 맥주, 전 세계인이 부러워하는 최고 수준의 복지 등 덴마크의 이미지는 강하면서도 깨끗하고 친근하다. 하지만 이러한 이미지와 너무나도 이질적으로 이들을 상징하는 단어가 또 하나 있었다. '쓰레기 대국'이다.

2015년 당시 덴마크 국민 1인이 버리던 쓰레기는 789kg으로 유럽연합(EU) 회원국 중 1위였다. 하지만 지금은 가장 성공적으로 쓰레기를 줄인 나라로 평가받고 있다. 여러 이해관계자들의 노력이 있었겠지만 그 중심에는 세계 최초의 식당마감 할인 플랫폼 스타트업인 '투굿투고(Too Good To Go)'가 있다.

투굿투고의 비즈니스 모델은 팔고 남은 음식을 처리하고 싶은 레스토랑과 저렴한 가격에 이들의 음식을 구매하기 원하는 소비자들을 이어주는 것이지만, 궁극적으로는 현대사회의 심각한 문제 중 하나인 음식물 쓰레기를 직접적으로 다루는 것이다. 즉, 레스토랑에서 그날 판매하려고 준비해두었다가 남은 음식을 소비자에게 재판매할 수 있고, 소비자들은 훌륭한 음식을 저렴하게 구매할 수 있는 경제적 가치가 있다. 하지만 그보다 더 중요한 것은 음식물 쓰레기 절감을 통해 지구촌의 환경보호까지 실천할 수 있는 윤리적인 가치에 초점이 맞춰져 있다는 것이다.

투굿투고의 탄생 비화를 보면 더 와 닿을 것이다. 이들의 시작은 의외로 단순했다. 공동 창립자 중의 한 명이었던 제이미 크러미(Jamie Crummie)가 영국의 한 뷔페식당에서 저녁 식사를 하던 중 남은 음식물들이 대거 쓰레기통에 버려지는 것을 목격하면서 시작되었다. 조금 전까지만 해도 식당에서 멀쩡히 제공되던 음식들이 버려지는 장면에서 굶주림과 음식물 쓰레기가 공존하고 있는 현대사회의 모순을 깨닫게 된 것이다.

경제적 가치와 윤리적 가치 두 마리 토끼를 잡은 투굿투고

이에 "떠나보내기엔 너무나도 좋은(Too Good To GO)"이라는 기조 아래 공동 창업자 5명이 2015년에 투굿투고를 설립하고 덴마크에서 처음 론칭하게 되었다. 현재 이들은 독일, 프랑스, 영국 등 15개국의 레스토랑, 슈퍼마켓, 호텔 등과 파트너십을 맺고 4,000만 명이 넘는 소비자들이 애용하는 큰 플랫폼으로 자리 잡았다.

이들의 궁극적인 목적처럼 음식물 쓰레기 절감에 대한 이들의 행보는 매우 적극적이다. 본 사업 이외에 유통기한의 오해*를 바로잡고자 하는 제조업체와의 협업, 음식물 쓰레기에 대한 소비자 인식개선 캠페인, 음식물 쓰레기 관련 교육자료 제공 등 음식물 쓰레기 절감을 위해 다양한 활동들을 적극적으로 수행하고 있다. 이로 인해 2021년에는 친환경에 이바지하는 스타트업에게 주는 '미래경제상(Next Economy Award)'을 수상하기도 했다.

투굿투고의 홈페이지를 방문하면 다음과 같은 큼직한 문구를 볼 수 있다. "Save delicious food and fight food waste(맛있는 음식을 살려 주세요, 음식물 쓰레기에 맞서세요)."

---

* 유통기한의 오해

　유통기한은 상품을 시중에 유통 및 판매할 수 있는 기한이며, 이는 실제 먹을 수 있는 기간인 소비기한보다 보통 짧게 설정되어 있음. 이를 잘 모르는 소비자들은 유통기한이 지난 음식은 먹을 수 없다고 판단하여 음식물 쓰레기가 되는 경우가 많음.

음식물 등의 유기물 쓰레기가 땅에 묻혀 내뿜는 메탄가스는 지구 온난화를 부추기는 주요 원인이다. 그렇기 때문에 재고 음식이라도 줄이면 그만큼 온실가스 배출을 감축할 수 있어 친환경의 선순환 효과를 기대할 수 있다. 투굿투고 등의 음식 중개 서비스가 음식물 쓰레기 문제를 완전히 해결할 수는 없지만, 그들의 행보가 기업들이 ESG, 그 중 환경(E) 경영을 해 나가는데 방향성을 짚어줄 수 있을 것이라고 기대한다.

| 사회(S) : 바이탈 팜스 "윤리적이고 지속가능한 경영 모델 구축" |

"우리는 윤리적 식품을 식탁에 내놓습니다."

동물복지계란과 유제품을 판매하는 바이탈 팜스(Vital Farms)의 기업 미션이다. 2020년 미국 나스닥에 기업공개(IPO, Initial Public Offering)를 실시한 기업들 중에는 뜨거운 감자가 몇 곳 있었다. 그 중 하나가 바이탈 팜스인데 이들은 시작부터 윤리적이고 지속가능한 비즈니스 모델을 갖추고 있었다.

2007년 미국에서 가장 작은 주인 로드아일랜드의 한 목장에서 바이탈 팜스는 시작되었다. 그들은 27에이커(약 33,000평) 크기의 작은 농장에서 20여 마리의 암탉을 방목 사육하는 방식으로 키웠다. 그리고 이러한 동물복지농장에서 산란한 계란을 판매하기 시작했다.

바이탈 팜스 농장

우리나라 양계산업을 살펴보면 산란계(계란을 낳기 위해 기르는 닭)의 95%를 '배터리 케이지(Battery Cage)'라 불리는 철제 우리 안에서 밀집사육한다. 닭 한 마리에게 허용된 공간은 겨우 A4용지보다 조금 더 클 뿐이다. 2021년까지 케이지 사육을 전면 금지하는 EU와는 달리 미국에서는 우리나라처럼 여전히 배터리 케이지가 성행하고 있다.

하지만 바이탈 팜스는 경제적인 가치보다는 윤리적인 농장철학을 고수했고, 농장의 무분별한 확장보다는 유사한 철학을 가지고 있는 소규모 농장과의 협력형태로 비즈니스 모델을 확대했다.

그리고 협력농장과의 장기적인 동반성장을 위한 정책들도 적극적으로 추진했다. 납품단가도 동종업계 대비 높게 책정했고, 계란 공급이 위축되어 수요가 급감했을 때도 협력농장이 생산을 중단하거나 파산하지 않도록 많은 비용을 투입하였다. 일례로 2015년 조류 인플루엔자의 유행으로 계란 공급이 급감하자 농가에서 생산량을 늘렸을 때가 있었다.

하지만 이듬해에 계란 공급과잉으로 수요가 급감하게 되었고, 많은 농가들이 파산하게 되었다. 이때 바이탈 팜스는 생산 중단에 가깝거나 아직 생산에 들어가지 않은 협력농장들에게 수백만 달러의 비용을 먼저 지불했다. 이 당시 바이탈 팜스의 현금 흐름에는 큰 타격이 있었지만 장기적으로는 지속가능한 브랜딩으로 기업가치를 창출했다는 점에서 더 큰 의미가 있었다.

이후 소비자들이 윤리적 식품에 크게 호응하면서 매출도 급성장하기에 이르렀다. 2015년에는 기업경영 전반과 사회·환경적 성과를 평가한 뒤 수여하는 사회적 기업 인증인 비콥(B-Corp)* 인증도 받았다. 커뮤니티 부문에서 매우 높은 점수를 받았고, 환경과 근로자 부문에서도 높은 점수를 받았다고 한다.

이처럼 15년간 직원, 소비자, 커뮤니티, 환경과 주주 등 모든 이해관계자를 포함하여 사회(S) 가치를 창출해 왔던 바이탈 팜스는 현재 수백 개의 소규모 가족농장(동물복지농장)과 협력을 통해 제품을 생산·판매하고 있으며 미국 내 목초지 방목 계란 브랜드 중 가장 큰 기업으로 성장했다. 그리고 2020년 나스닥 상장을 통해 2억 달러(약 2,400억 원)의 자금을 유치하는 데에도 성공했다.

바이탈 팜스의 사례는 좋은 일을 행복하게 즐기면서 동시에 돈을 충분히 벌 수 있다는 것을 잘 보여준다. 그리고 기업이 지속가능하기 위한 최고이자 최선의 전략은 모든 이해관계자들을 고려하여 사회적 가치를 창출하는 것이라는 것도 말이다. 지금 ESG 트렌드에 딱 어울리는 바이탈 팜스가 앞으로 얼마나 더 성장할지 기대가 되는 바이다.

* 비콥(B-Corp) 인증
  2006년 미국의 비영리기관 비랩(B Lab)이 구축한 것으로 기업 경영 전반과 사회·환경적 성과를 평가한 뒤 수여하는 사회적 기업 인증. 평가 항목과 측정 기준이 까다롭고 3년마다 갱신이 필요해 유지 또한 어렵기 때문에 신뢰도가 높음. 2021년 현재 비콥 인증을 보유한 기업은 세계 77개국 153개 산업 분야에 걸쳐 4,508개에 달하며 대표 기업으로 파타고니아, 일리 커피, 탐스 등이 있음.

| 지배구조(G) : 노을(주) "하이브리드 비즈니스 모델 추구" |

    2021년 기준으로 국내 사회적경제기업(사회적기업*, 소셜벤처*, 마을기업*, 자활기업*, 협동조합*)은 30,838개사이다. 이 중 소셜벤처는 2,000여 개사로 코스피, 코스닥 등에 상장한 기업은 10개 미만에 불과하다.

    즉, 국내에서 소셜벤처의 상장은 그리 흔치 않은 일이다. 이러한 상황에서 2022년 3월에 기술특례상장*으로 코스닥에 입성한 스타트업이 있다. 2015년에 설립된 체외진단 의료기기 전문기업인 노을(주)이다. 창업자가 수년간 아프리카 봉사활동에서 겪은 문제를 해결하겠다는 신

---

* **사회적기업**　사회적 목적을 추구하면서 가치를 실현하는 동시에 수익을 창출할 수 있는 비즈니스 모델을 수립하고 운영하는 기업.

* **소셜벤처**　사회문제 해결을 목표로 하면서 혁신적인 기술 또는 비즈니스 모델을 통해 수익극대화도 추구하는 사회적 기업가에 의해 설립된 기업.

* **마을기업**　지역주민이 해당 지역의 자원을 활용하여 지역문제를 해결하고 지역공동체를 활성화하며, 소득 및 일자리를 창출하기 위해 운영하는 마을 단위의 기업.

* **자활기업**　근로자의 일정 비율을 기초수급자로 채용하는 기업.

* **협동조합**　사회적·경제적으로 어려운 사람들이 같은 목적을 가지고 자신들의 지위향상과 경제적 이익을 추구하기 위해 만든 조직.

* **기술특례상장**　현재 수익성은 크지 않으나 많은 성장성을 보유한 회사가 상장할 수 있도록 기준을 완화해 주는 제도. 이를 위해서는 거래소가 지정한 전문평가기관(기술보증기금, 나이스평가정보, 한국기업데이터) 중 두 곳에 평가를 신청해 BBB등급 이상을 받아야 하고 이 중 적어도 한 곳의 평가기관에서 A등급 이상을 받아야 함.

념을 바탕으로 세워진 기업이니만큼 사회(S) DNA를 갖고 출발했다. 아프리카인들을 쉽게 죽음으로 내몰았던 말라리아의 진단기기에서 첫 걸음이 시작되었다.

이들은 창업 초기부터 제품개발과 조직운영 전반에서 지속가능성을 기반으로 ESG를 추진하겠다는 '하이브리드 비즈니스 모델'을 추구해 왔다.

우선 환경(E) 측면에서는 의료 폐기물을 줄이기 위해 혈액을 고정하는데 사용되는 독성의 메탄올을 무독성의 에탄올로 교체하고 폐수가 나오지 않는 친환경 염색기술을 개발하여 제품에 적용했다.

환경(E)이나 사회(S) 영역은 다른 스타트업들도 나름 열정적으로 접근할 수 있는 영역이다. 하지만 지배구조(G)만큼은 스타트업에게 쉽지 않은 영역이다. 여기서에서도 노을㈜는 조금 다른 면모를 보여주었다. 특히 코스닥 상장심사를 받을 때 회사의 의사결정구조 투명성, 조직문화 윤리성 등의 지배구조 관련된 대응이 주효했다고 한다.

우선 노을㈜의 경영진 중에는 최고지속가능책임자(CSO, Chief Sustainability Officer)가 있다. 이 직급은 국내에서는 생소하지만 국제적으로는 잘 알려진 개념이다. 이를 통해 조직문화와 인사를 총괄하고 있다. 실제 이러한 노을㈜의 지속가능성 철학을 보고 지원해 입사하는 직원들도 많다고 한다.

그리고 이번 상장을 통해 공모주식 10% 정도를 임직원들의 우리사주조합에 우선 배정하기로 했다. 사실 근로복지기본법상 코스닥에 상장하는 법인은 기업공개 과정에서 우리사주조합에 공모주식을 배정할 의

noul
Beyond Diagnostics

노을(주)

무는 없다. 그럼에도 불구하고 공정한 지배구조 구축을 위해 임직원들과 함께 한 것이다. 이러한 노력들은 10% 미만의 낮은 퇴사율에서도 나타난다. 참고로 국내 스타트업의 직원 퇴사율은 평균 40%에 달한다.

앞서 말한 것처럼 스타트업은 제품개발, 자금조달만으로도 경영의 한계에 도달한 경우가 많다. 여력이 부족하다 보니 관련된 전담조직을 만들거나 이사회나 주주총회를 개최하는 것이 꽤 벅찬 일이다. 또한 주주권 보호를 위한 장치 마련도 미흡할 수밖에 없다. 상황이 이렇다 보니 직원들의 근무환경 개선에 집중하기 어렵다는 건 두말하면 잔소리다. 이러한 측면에서 스타트업에게 지배구조의 건전성을 담보하기란 힘에 부치는 일이다. 하지만 노을(주)의 사례처럼 사업 초기부터 상장 등에 용이한 지배구조를 구축해 경영 건전성과 투명성 요건을 미리 대비할 필요가 분명히 있다.

"저희는 이번 상장을 엑시트(Exit)가 아닌 하나의 마일스톤(Milestone)*
이라고 생각합니다."

노을㈜ 경영진의 다짐이다. 사실 스타트업, 벤처생태계에서 기업공
개(IPO)와 M&A 등의 엑시트(Exit) 전략*은 가장 중요한 것으로 인식된
다. 엑시트라는 단계를 거쳐야 재창업, 재투자로 이어지는 선순환이 가
능해지기 때문이다. 하지만 이들은 IPO가 출구전략이 아닌 향후 10년
이상을 내다보는 관점에서 지속가능성으로 바라보고 있다. ESG를 추
구하면서 이윤도 결코 놓치지 않겠다는 그들의 당찬 포부를 보면서 향
후 글로벌 진단회사로 성장한 모습을 그려본다.

* 마일스톤(Milestone)
  주춧돌, 이정표 등으로 풀이할 수 있으며 기업을
  경영함에 있어 중요하고 획기적인 단계 또는 사건.

* 엑시트(Exit) 전략
  투자자가 기업에 투자했던 자금을 회수하는 과정.
  창업자의 입장에서는 출구전략이고 투자자의 입
  장에서 보면 회수전략이라고 할 수 있음. 기업공
  개(IPO)와 인수합병(M&A)이 대표적임.

Environment

Part 04

기업, 정부·기관,
소비자를 위한
ESG 기본 수칙 9

기업이 알아야 할
ESG 기본 수칙

　지금까지 ESG는 무엇이고, 왜 중요하며, 소비자들은 어떻게 움직이는지 등에 대해 살펴보았다. 이를 설명하기 위해 ESG의 배경, 정의, 진화, 중요성 등에 대해 다루었고 ESG로 달라진 소비문화 및 심리의 진화, 트렌드 등에 대해 알아보았다. 그리고 ESG에 대한 소비자들의 인식과 대응, 성공적인 ESG 사례 등도 분석했다.

　ESG가 선택이 아닌 필수의 시대가 되면서 기업, 정부·기관, 소비자들이 보다 현명하게 ESG를 실천하길 바라는 마음과 함께 ESG의 유행으로 잘못된 행보를 걷지 않았으면 하는 바람도 있다. 이에 올바른 ESG

경영과 실천에 조금이나마 기여하기를 바라며 9가지 당부를 덧붙이고 자 한다.

| 과하면 독, 'ESG 딜레마'에 빠지지 말아라 |

전 세계적으로 주요 기업들이 ESG의 중요성과 파급효과를 강조하면서 활성화를 추진하고 있다. 하지만 이런 변화에 적응하지 못한 기업들도 많은 것이 현실이다. '돈 잘 버는 착한 기업'에 대한 환상이 너무 컸던 것일까?

사실 기업경영은 이윤창출을 위한 것이다. 하지만 ESG의 가치와 의미에 몰두하고 심지어 너무 지나쳐 실적을 내지 못하는 사례들이 나타나고 있다. ESG경영과 수익성 사이의 딜레마가 이슈로 나타나고 있는 것이다.

생수 브랜드 에비앙과 요구르트 브랜드 액티비아 등을 거느린 프랑스 최대 식품기업인 다논(Danone)의 경우, 회사 정관에 '지구와 자원을 보전한다'는 목표를 넣을 정도로 한때는 'ESG경영의 교본'으로 불렸던 기업이다. 당시 최고경영자였던 에마뉘엘 파베르(Emmanuel Faber)는 지속 가능한 사업을 하면서 이윤창출과 함께 사회적 책임을 다해야 한다고 강조했다. 또한 소비자, 직원, 협력업체, 정부 등과의 신뢰를 회복하여 2030년까지 세계 최대 비콥(B-Corp) 기업이 되겠다고도 했다. 이에 기업 비용구조에서 상당 부분을 ESG를 추구하는데 투입했다. 하지만 이에 비해 경영성과는 좋지 못했다. COVID-19 등으로 커다란 재무적 손실이 발생했고 주가도 30% 가까이 폭락했다. 이 때문에 직원 10만 명 가운데 2,000명 정도를 감원했고, 결국 자신도 사퇴하게 되었다.

다논의 사례처럼 ESG를 강조하는데 너무 많은 시간, 비용, 인력을 투입하고, 실제 사업을 활성화시키는 데에 상대적으로 적은 시간을 쓴다면 순식간에 'ESG 딜레마'에 빠지게 될 것이다.

ESG와 수익을 일치시키는 것은 쉽지 않은 일이다. 하지만 과도하지 않게 추진하면서 기업경영과 조화를 이룬다면 어려운 일도 아닐 것이다. ESG경영을 통해 이윤창출을 도모하고자 하는 기업들은 이 말을 명심했으면 한다.

다논 주가지수 추이

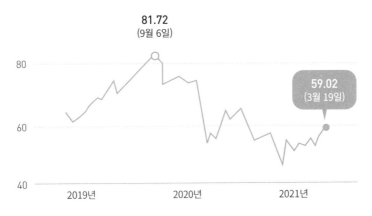

※ 인베스팅닷컴(단위: 유로)

사실 ESG에 대해 제대로 알기 위해서는 '지속가능성'에 대한 이해가 선행되어야 한다. 1987년 국제연합총회(UNGA, United Nations General Assembly)가 정의한 '다음 세대가 그들의 필요를 충족시킬 수 있는 능력을 훼손하지 않으면서 현 세대의 필요를 충족시키는 것' 이외에도 여러 가지 정의가 있지만, 단어 그대로 '지속할 가능성'을 말한다. 이러한 지속가능성을 이야기할 때 빼놓을 수 없는 기업이 있다. 굳이 ESG라고 말하지 않아도 자체가 ESG인 파타고니아(Patagonia)이다.

그들은 탄생 DNA 자체가 지속가능성이었다. 창업자인 이본 쉬나드(Yvon Chouinard)는 파타고니아의 전신인 등산장비 사업자 시절부터 자신이 만든 등반용 쇠못과 쐐기들이 산을 해치는 주범이라는 것을 깨달은 후로 환경을 비롯한 ESG활동을 해 나가기 시작했다. 이러한 창업주의 진정성 있는 철학으로 탄생한 파타고니아는 "우리는 지구를 지키기 위해 사업을 합니다."라는 사명으로 지금까지 ESG를 지키고 있다.

이미 20여 년 전부터 처리가 어려운 페트병을 재활용한 제품을 개발했고, 모든 제품의 원단을 유기농 면만 골라 사용하고 있다. 그리고 환경에 미치는 영향을 줄이기 위해 옷을 오래 입을 수 있도록 품질관리에 많은 신경을 쓰고 있으며, 새 옷을 구매하는 대신 입던 옷을 수선해 입도록 장려하기도 한다. 공급사들과의 공정무역과 생산과정에서의 환경오염 최소화는 기본이다.

DON'T BUY
THIS JACKET

2011년 블랙프라이데이 파타고니아
"Don't buy this jacket" 캠페인

그리고 사내 후원금위원회를 조직해 매출액의 1%를 '지구세(Our Earth Tax)'라고 칭하며 지역 기반의 소규모 환경단체에 기부하고 있다. 이는 제품을 생산하기 위해 불가피하게 오염시켰던 환경에 대해 책임지겠다는 것과 직원들을 직접 참여시켜 그들의 사명을 실천할 수 있는 원동력을 만들겠다는 의미이다. 이외에도 환경문제를 해결하는 스타트업에 투자하기도 하고 재생 유기농에도 관심을 기울이고 있다.

1973년 설립한 이래로 파타고니아는 50살을 눈앞에 두고 있다. 그들을 높이 사는 이유는 시대가 어떻게 변하더라도 지속적으로 그들의 비전과 미션을 실천해 왔다는 것이다. 즉, 현재 ESG 열풍이 불어서 그들이 주목받는 것이 아니다. 지속가능성을 전제로 한 그들의 과거와 현재가 그들의 가치를 만든 것이다.

파타고니아가 지금까지 해 왔던 슬로건과 캠페인들을 통해 '지속가능해야 지속된다'는 말을 되새기며 미래의 지속가능성까지도 엿보게 된다.

- "Don't buy this jacket(이 자켓을 사지 마세요.)."
- "We're in business to save our home planet
  (우리는 지구를 지키기 위해 사업을 합니다.)."
- "Single use think twice(한 번 쓸 건가요? 두 번 생각하세요.)."

| '무늬만 ESG' ESG워싱을 경계하라 |

이런 가정을 해보자. K기업은 전기자동차 제조업체라고 대대적인 광고를 하여 투자자를 모으고 있다. 더군다나 이들은 사회적으로 공헌도 많이 하고 있으며, 내부적으로 ESG 관련한 전담위원회도 있다고 한다. 그래서 당신은 이러한 K기업의 미래가치를 긍정적으로 평가하여 거금을 투자한다. 그런데 알고보니 친환경과는 상관없는 전기자동차의 일부 부품만을 만들고 있었고, 투자를 받기 위해 얼마 전 급작스럽게 기부했으며, 전담위원회도 허울뿐이었다. 이 회사는 ESG경영을 하는 회사라 할 수 있을까?

ESG경영이 정착하는데 위험한 걸림돌 중의 하나인 ESG워싱(Washing)에 대해 조금은 극단적인 가정을 해보았다. ESG워싱은 ESG를 지향한다고 알리지만, 사실은 그렇지 않거나 부풀려서 포장하는 위장마케팅 수법 중 하나이다. 1990년대부터 널리 쓰였던 그린워싱(Green Washing)에서 파생된 용어라고 보면 된다.

이는 ESG에 대한 관심과 투자가 빠르게 성장하는 과정에서 나올 수밖에 없었던 위험요소이다. 현재도 그렇고 앞으로도 ESG에 대한 이해관계자들의 압박이 점점 거세어지는 상황에서 ESG성과가 좋지 않은 기업일수록 ESG워싱에 대한 유혹 또한 커질 것이 분명하다. 왜냐하면 투자자들에게 투자는 받아야 하고, 주주들과 정부는 계속 ESG경영을 압박할 것이기 때문이다.

앞서 살펴본 폭스바겐의 디젤게이트를 포함하여 엑슨모빌이 기후변화를 부인한 조직에 후원한 것이라던가, JP모건이 녹색채권을 발행한 후 대규모 자금을 화석연료 사업에 대출해 준 사건에서 보았듯이 ESG워싱의 타격은 재무적으로도 비재무적으로도 상당히 크다. 기업의 평판에 손상을 입히는 정도가 아니라, 주가 폭락이나 소송 등으로 엄청난 비용을 지불해야 하는 위험을 안게 되는 것이다.

결국 유념해야할 점은 아무리 성과에 조바심이 나고 주위 압박이 거세다고 하더라도 ESG워싱에 의한 '무늬만 ESG'는 절대 경계해야 한다. 그리고 ESG에 대한 이슈는 일시적인 유행이라는 생각은 버려야 할 것이다. 탈탄소 등의 환경적인 압력은 앞으로도 지속될 것이며, 지금보다 더 다양한 사회 문제는 끊임없이 제기될 뿐만 아니라, 내·외부 이해관계자들의 목소리는 더욱 커질 것이기 때문이다.

그럼에도 불구하고 제대로 ESG경영을 시행하는 기업들이 더 많다는 것은 다행스러운 일이다. 그리고 이러한 ESG활동을 하면서 제대로 생색 내는 회사들도 많다.

디즈니 아이언맨 캐릭터를 적용한 오픈 바이오닉스의 의수 히어로암(Hero Arm)

외딴 섬에 갇혀도 모래사장에 미키마우스를 그리면 디즈니가 소송을 하러 온다는 우스갯소리가 있다. 농담만큼은 아니더라도 디즈니는 저작권에 대해 엄청나게 민감하고 깐깐하다. 그런 디즈니가 아이언맨은 물론 겨울왕국, 스타워즈 캐릭터 등 여러 디자인을 작은 스타트업에게 무료로 사용하도록 허락해 화제를 모았다. 저작권에 대해 그토록 깐깐한 디즈니가 도와준 기업은 2014년 영국에서 창립된 오픈 바이오닉스(Open Bionics)라는 로봇 의수를 만드는 스타트업이다.

디즈니는 캐릭터 무료 사용 이외에도 내부 디자인 전문가를 파견해 제품을 완성하는 것까지 도와줬다고 한다. 디즈니가 이처럼 전폭적으로 지원한 이유는 오픈 바이오닉스의 미래 가치를 본 것도 있지만 자신들의 ESG활동을 위해서였다. 실제로 쉽게 허락하지 않는 영역을 내어준 것에 대해 아낌없이 드러냈고, 동시에 디즈니의 ESG활동을 대대적으로 알렸다. 이로 인해 디즈니의 이미지와 평판은 더욱 긍정적이 되었고, 재무적으로도 많은 효과를 본 것으로 알려졌다.

위장은 전쟁터에서 적들에게 들키지 않고 생존하기 위해 하는 것이다. 소비자는 '적'이 아니다. 오히려 '우리 편'이다. 우리 편은 속이지 않기를 바란다. 그리고 ESG활동과 같은 좋은 일을 제대로 하고 있다면 굳이 겸손해 할 필요는 없다. 생색도 내면서 주위에 대대적으로 알린다면 투자한 것보다 더 많은 것을 얻게 될 것이다.

정부·기관이 수행해야 할
ESG 기본 수칙

　ESG의 중요성에 따라 전 세계적으로 투자확대가 이어졌으며, 특히 COVID-19 팬데믹 이후 이와 관련한 투자성과도 증가하고 있다. 글로벌지속가능투자연합(GSIA, Global Sustainable Investment Alliance)과 도이치뱅크의 연구에 따르면 2020년 전 세계 ESG 관련 투자가 40조 5,000억 달러(약 5경 원) 정도이고, 2030년에는 130조 달러(약 14경 3,000조 원)까지 늘어날 것이라고 한다.

　한편, 자본시장연구원에서 발표한 '국내 ESG 펀드의 현황 및 특징 분석'을 보면, 국내 ESG 펀드 순자산도 2020년 7월 기준 4,168억 원 규모임과 동시에 평균 10% 정도의 수익률을 보이며 상대적으로 높은 성과를 보였다.

이처럼 ESG를 통해 기업을 평가하고 투자하는 경향이 강해지고 있으며 ESG에 대한 관심이 높아지다보니 정확한 기업 평가와 분석이 필요하게 되었다.

| 정확한 ESG 정보기준을 확립하라 |

ESG 바람을 타고 잘못된 정보제공을 통해 발생하는 리스크도 빠르게 증가하고 있다. 아직 ESG 관련된 정확한 기준과 평가가 마련되지 않은 것을 틈타 ESG로 이름만 포장하여 채권이나 펀드 등의 금융상품을 만들어 출시하는 경우가 있다.

한국남동발전의 경우, 2021년 초반에 3,000억 원 규모의 녹색채권(Green Bond)을 발행했다. 그리고 발행금액 전액을 신재생에너지 공급인증서(REC, Renewable Energy Certificate) 구매에 활용할 계획이라고 밝혔다. 참고로 녹색채권은 기후변화 대응 및 환경보존을 위한 친환경 프로젝트에 자금을 조달할 목적으로 발행되는 특수목적 채권이다. 이를 통해 조달된 자금은 친환경 프로젝트에만 사용해야 한다. 하지만 한국남동발전의 녹색채권은 신재생에너지 공급인증서를 구매한다는 명분을 내세웠으나 녹색금융보다는 화석연료발전에 투자를 지속하는 모습을 보여 비판을 받았다.

ESG에 대한 정확치 않은 정보를 방지하고 관련 투자자를 보호하기 위해 미국 등의 선진국에서는 금융상품 명칭 등에 대한 규제를 강화하는 움직임을 보이고 있다. 예를 들어, 미국의 증권거래위원회(SEC, Securities and Exchange Commission)는 지속가능성 또는 ESG의 명칭을 붙인 금융상품 관련하여 투자회사법상 명칭 규정(Names Rule) 준수여부에 대한 점검을 강화하고 있다.

하지만 국내 상황은 녹록치 않다. 국내에는 ESG채권이나 펀드 등으로 인증받기 위해 준수해야 할 요건에 대한 법률이나 감독규정 같은 공적인 규제가 없는 상황이다. 모든 기업이나 산업 전반에 걸쳐 이미 상당 부분 표준화된 재무정보와는 달리 ESG 등의 비재무적 정보는 범위가 다양하여 유의미한 정보에 큰 차이가 있을 수밖에 없다. 그렇다 보니 잘못된 ESG 정보제공은 투자자를 포함한 관련 이해관계자들에게 심각한 피해를 줄 수 있다.

이에 따라 정부나 기관들은 ESG 관련 공시요건을 지속적으로 정비하여 보다 정확하고 투명한 ESG 정보기준을 확립할 필요가 있다. 또한 급증하고 있는 ESG 수요에 따른 투자자 혼란이나 손실을 방지하기 위해 금융투자업자들에 대한 감독 당국의 모니터링을 강화해야 할 것이다. 그리고 운용사 등 금융투자업자들은 ESG 투자상품 취급에 대해 금융소비자 보호를 위한 적절한 장치 마련 등의 책임이 따라야 한다. 이와 더불어 투자자들도 명확한 원칙을 확립하여 ESG 관련 투자에 신중히 접근해야 할 것이다.

| ESG에 근거한 평가요소와 기준을 표준화해라 |

기업의 ESG 관련 평가는 그 구성요소가 매우 다양하고 다수의 평가 기관마다 평가 방식이나 지표가 다를 수 있다. 앞서 언급했듯이 전 세계적으로 ESG를 측정하고 평가하는 기관은 600여 개가 넘는다. 그렇기 때문에 기준의 불확실성과 평가의 불투명성이 존재할 수밖에 없고, 이에 따라 기업들이 판단을 내리는 데 혼란이 생길 수 있다. 또한 투자자들은 ESG 보고내용의 신뢰성과 기업 간 비교를 하는데 어려움을 겪고 있는 것이 현실이다.

이에 따라 ESG가 자리 잡고 고도화되기 위해서는 이에 대한 평가요소와 기준의 표준화가 절대적으로 필요하다. GRI, SASB, CDSB, IIRC, CDP 등의 빅5 기관이 손을 잡았으니, 전 세계에 통용되는 국제회계기준처럼 ESG의 표준화도 머지않아 윤곽이 나타날 것으로 보인다. 국내에서도 2021년에 그린워싱, 자본의 잘못된 배분(Mis-allocation), 불완전판매 등의 위험과 기관별 상이한 평가로 인한 기업의 혼란 해소를 위해 '한국형 ESG(K-ESG) 가이드라인'을 발표했다. 이에 따라 ESG 평가요소와 기준의 표준화를 통해 ESG를 추진하고 있거나 추진하려고 하는 기업들의 혼란이 줄어들 것이고, 보다 구체적인 정보공개가 가능해질 것으로 보인다.

이러한 표준화는 ESG에 대한 기업들의 부담을 줄이기 위해 하는 것이다. 분명 한 번에 표준화가 완성되지 않을 것이고, 표준화 과정 중에 기업들은 어떻게 해야 할지 우왕좌왕하는 과도기를 겪을 것이다. 따라

2021년 12월 1일 발표한 'K-ESG 가이드라인'

서 표준화가 완성되기 이전에 기업들의 부담과 혼란을 줄이는 역할도 정부나 기관들에 있음을 인지해야 할 것이다.

| 정책소비자의 눈높이에서 시작하라 |

산림이 없이는 매년 심각해지는 지구 온난화를 막을 수 없다. 산림 관리와 재생을 통해 탄소를 저장하고 산림 파괴를 막는 것이 탄소를 줄일 수 있는 가장 효과적인 방법이다. 그래서 일반적으로 나무를 심는 것은 환경에 이로운 것이고, 나무를 베는 것은 해로운 것이라고 생각한다. 맞는 말이면서도 일부는 틀린 부분도 있다.

특히 노령화된 나무를 베는 것에 대한 오해가 크다. 나무가 30년 이상 되면 성장속도가 어린 나무에 비해 65% 느려지고, 따라서 탄소 저장과 흡수 기능이 감소된다고 한다. 즉, 노령화된 나무는 베어내고 그

자리에 어린 나무를 다시 심어야만 친환경에 도움이 되는 것이다.

그런데 정부가 이러한 오해를 풀지 못하고, 의도가 제대로 전달되지 않아 소비자들의 따가운 시선을 받은 일이 있었다. 2021년 초, 정부에서 발표한 '2050 탄소중립 산림 부문 추진전략'이다.

산림의 노령화로 인해 2018년 온실가스 흡수량이 4,560만 톤에서 2050년에는 1,400만 톤으로 떨어질 것이라는 문제가 대두되자, 이에 대한 해결책으로 탄소 흡수력이 떨어지는 노령화된 나무를 베어내고 향후 30년간 30억 그루의 나무를 심겠다는 내용이다.

하지만 이렇게 좋은 의도의 친환경 벌채* 정책을 받아들이는 소비자들의 인식은 달랐다. "전국 나무의 70%인 30억 그루를 베어낸다."는 식으로 와전되어 오해한 것이다. 어릴 때부터 나무를 심어야 환경에 도움이 되고 함부로 베지 말아야 한다는 인식이 한몫한 것이기 때문일지도 모른다.

산림청은 '실제 베어내는 것은 3억 그루이고, 30억 그루의 나무를 심는 것'이라고 설득했지만 논란은 쉽게 사그라지지 않았다.

---

* 친환경 벌채
  다 자란 나무를 특정 부분에서 벌채할 때 혹시 모를 재해를 예방하고 산림 생태계의 경관 피해를 최소화 하기 위해 일부 남겨 놓은 방식의 벌채.

친환경 벌채는 생태계를 파괴하지 않고 숲의 건강을 지켜준다

I LOVE WOOD
CAMPAIGN

www.ilovewood.or.kr

산림청 I Love Wood 캠페인

이 이슈의 논점은 먼저 해야 할 것이 무엇이냐는 것이다. 정부가 가열차게 ESG를 추진하는 것은 좋은 일이다. 다만 해당 사안에 있어 오해가 있는데도 일방적으로 정책을 만들고 알리는 것에만 신경쓰는 것은 오히려 역효과를 낳을 수 있다. 그러므로 정책에 대한 소비자들의 오해가 있다면 이것부터 천천히 풀어내고 제대로 인식시켜야 한다. 그 다음에 정책에 대해 생색을 내도 늦지 않는다. 그래야만 정책을 수립하고 집행하는데 있어 훨씬 효과적일 것이다.

물론 정부정책을 추진하는 기관에서 오해를 풀기 위해 노력하지 않은 것도 아니다. 그저 그 노력이 소비자들에게 효과적으로 닿지 못했을 뿐이다. 산림청은 이미 여러 해 전부터 벌채에 대한 오해를 풀기 위해 'I Love Wood'라는 캠페인을 전개하고 있다. 보통 사람들은 나무를 베어내고 그 나무를 활용하는 것 자체가 자연 훼손이라 생각하곤 한다. 이런 오해를 풀고 인식을 전환시키기 위한 목적으로 캠페인을 시작했지만, 인지도가 그리 높지 않아 참 안타깝다. 2022년부터는 보다 내실있는 캠페인을 기획하고 있다고 하니 지켜볼 일이다. ESG를 위한 산림청의 노력이 정책소비자의 오해를 풀고 더 나아가 정책고도화까지 이룩할 수 있길 기대해 본다.

현명한 소비자가 되기 위한
ESG 기본 수칙

　소비자들이 변하고 있다. 이제 소비자들은 상품의 가격과 품질만 보고 기업을 평가하지 않는다. ESG의 지속가능성을 기준으로 기업가치를 평가하고 기업은 이에 맞추어 움직인다. 즉, 기업과 소비자가 모두 이러한 흐름을 고려한 활동을 지향하고 있는 것이다. 그럼에도 불구하고 이러한 상황을 외면하는 기업과 정부·기관들이 있을 수 있다.

　그렇다면 소비자인 나부터 ESG를 시작해보면 어떨까? 조금 불편하더라도 지구를 위해 환경을 위해 라이프스타일을 바꾼다거나 ESG를 과대포장하거나 눈속임을 한 기업은 혼쭐 내준다. 반대로 묵묵히 ESG

를 수행하며 사회와 어깨동무하는 기업에게는 뜨거운 응원을 보내는 것이 ESG 시대의 현명한 소비자, ESG슈머가 되는 방법인 것이다.

| 잘못했으면 지속가능한 혼쭐을 내줘라 |

2021년 국내 최대 편의점 중 한 브랜드가 캠페인 홍보 메시지를 고객들에게 전송했다. 엄청난 흥행을 예상했으나 불행하게도 소비자들의 혼쭐로 돌아왔다. 포스터 속 뜨거운 소시지를 집으려는 손 모양이 남성혐오 커뮤니티인 '메갈리아(Megalia)'를 상징하는 손모양이며, 소시지는 남성의 성기를 상징하는 것이라 하여 '남혐 논란'으로 확산된 것이다. 해당 포스터를 제작한 디자이너의 해명과 포스터 이미지 수정을 통해 수습하려 했으나 비판 여론은 여전하였고, 불매운동으로 확산되기까지 했다.

소비자들에게 찍혀 혼쭐이 난 사례들은 이외에도 많다. 2017년 롯데그룹의 사드(THAAD, 고고도 미사일 방어체계) 부지 제공으로 인한 불매운동을 비롯해, 2019년 '노 재팬(No Japan)'의 타깃이 된 유니클로는 매출이 반토막 났고 매장 20여 곳이 폐점하게 되었다. 2013년 대리점 갑질 사태에 이어 2021년 불가리스 제품이 COVID-19를 77.8% 저감하는 효과를 보인다는 과대광고 논란으로 57년의 가업까지 포기할 뻔했을 정도로 남양유업의 홍원식 전 회장 등은 소비자들의 신뢰를 잃어 혼쭐 났다.

(좌)남혐 논란의 캠페인 포스터 / (우)남성혐오 커뮤니티 메갈리아 로고

이처럼 ESG를 외면하고 소비자를 기만하면 소비자들은 가만히 있지 않는다. 부당하고 잘못되었다 생각하면 온·오프라인을 가리지 않고 적극적으로 저항한다. 특히 지금처럼 대체재가 많은 상황에서는 불매운동 등의 소비자 저항이 그리 어렵지 않은 것도 한몫하고 있다.

얼마 전 저자들은 가치소비에 관한 연구를 위해 MZ세대를 인터뷰한 적이 있다. 그들은 제품이나 서비스를 구매하는 것 자체가 나쁜만 아니라 다른 사람들에게도 영향을 주기 때문에 생각을 많이 하고 돈을 쓴다고 했다. 환경을 위해 화장품은 구매하는 즉시 자동으로 기부가 되는 제품을 쓰거나, 동물털이나 가죽으로 만든 의류는 구매하지 않는다고 했다. 심지어 국정농단 등의 이유로 삼성전자 휴대폰도 구매할 생각이 전혀 없다고도 했다.

이와 같이 소비문화와 심리 및 패턴 등이 달라지면서 기업들이 달라지고 있는 것도 사실이다. 하지만 진정성이 없다면 소비자들에게 혼쭐이 날 수밖에 없다. 우려스러운 것은 우리 민족성 중의 하나라고 지적받는 '냄비 근성'이다. 금방 끓지만 금방 식는 식의 혼쭐은 충분한 효과를 내지 못한다. 즉, 소비자의 혼쭐에도 반드시 지속가능성이 있어야 기업들이 딴짓을 못할 것이다.

| 기업의 사회공헌에 박수를 보내라 |

　소비자들은 부당하다고 느끼는 것이 있다면 확실하면서도 소신껏 저항한다. 보이콧의 대상이 된 기업들은 소비자들에게 혼쭐나지만 한편으로는 소비자 주권이 한층 높아진 것은 긍정적으로 볼 수 있다.

　이처럼 소비자들은 잘못한 기업들에 대해서는 혼쭐을 내주지만 ESG 등을 잘하는 기업들에게는 무한 칭찬을 보낸다. 윤리적·사회적인 기준에 대해서 그들의 신념을 적극적으로 표현하고 실천하기 때문이다. 무라벨 생수나 친환경 종이빨대 등의 제품에 흔쾌히 지갑을 열거나, 남몰래 선행한 식당을 널리 알려 매출을 올려주는 식의 '바이콧', '돈쭐' 등의 미닝아웃 현상이 뚜렷해지고 있는 것이다. 특히 MZ세대들을 중심으로 이러한 소비가 이루어지고 있다.

　2021년 7월 중국의 허난성(河南省) 정저우시(郑州市)에 대홍수가 일어났다. 하루 동안 2020년 한 해의 총강우량을 넘어선 엄청난 비가 쏟아져 '천년의 비'로 불리기도 했다. 이로 인해 전 세계의 구호와 기부가 활발히 이루어졌다. 이러한 와중에 홍싱얼커(鴻星尔克)라는 스포츠의류 신발기업이 5,000만 위안(약 90억 원)의 구호 자재를 기부하면서 화제가 되었다. 더욱이 공개도 하지 않고 묵묵하게 재난 물자를 기부해 온 것이 알려지면서 대중의 반응은 더욱 뜨거웠다.

눈여겨볼 점은 이들의 재정상황이 2021년 1분기에만 6,000만 위안 (약 108억 원) 적자상태였다는 것이다. 이 소식이 알려지면서 일부 품목이 품절사태를 일으킬 정도로 소비자들의 구매가 쏟아져 들어왔다. 2021년 7월 26일 홍싱얼커의 바이두 검색지수와 정보지수는 각각 전주 대비 1,045배, 11만 7,457배 상승했고, 틱톡(TikTok) 생방송 시청자는 평상시 4,000명에서 1,300만 명 이상으로 급증했다. 그리고 타오바오 (Taobao) 생방송 매출액은 8,000만 위안(약 142억 원)을 넘어섰고, 여러 도시의 오프라인 매장에서도 재고 부족 상황이 발생했다. 인터넷 생방송 판매를 진행하던 여성 진행자는 자신이 제품 판매를 시작한 이래로 이렇게 많은 사람들을 본 적이 없다며 감동의 눈물을 흘리기까지 했다고

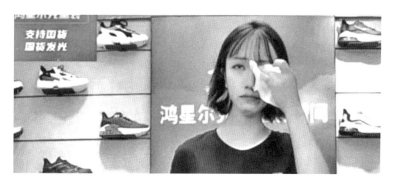

생방송 판매 중에 눈물 짓는 여성 진행자

한다. 그리고 지금도 그들의 묵묵한 선행은 계속되고 있다.

그렇다. 칭찬은 고래도 춤추게 한다. 기업들이 사회에 공헌하고 의미 있는 일을 한다면 반드시 칭찬해 주어야 한다. '잘한다, 잘한다' 칭찬하면 정말로 잘하게 된다. 그 대신 기업들은 이러한 상황들을 지나치게 의식해 선행을 너무 포장하거나 미화하는 행위들은 하지 말아야 할 것이다. 과유불급이다.

| 작은 변화와 행동이 ESG 세상을 이끈다 |

기업이나 사회가 ESG를 실천하는 것보다 개인이 직접 시작하는 것이 훨씬 쉽다. ESG 라이프는 그리 먼 곳에 있지 않다.

아침에 일어나 반려견과 산책하면서 길가의 쓰레기를 줍는다. 산책을 마치고 집에 돌아와서는 비건 인증을 받은 비누로 샤워하고, 친환경 통밀빵으로 간단히 식사할 수도 있다. 하나도 남기지 않고 싹싹 다 먹는다. 음식물 쓰레기는 환경오염의 주범이니 말이다.

출근할 때는 지하철이나 버스를 이용할 수도 있다. 회사 근처에서 주문한 커피는 텀블러에 담아간다. 하루 종일 회사업무를 하고 퇴근할 때는 사용했던 전자기기의 전원을 다 끈다. 집에 돌아갈 때도 지하철이나 버스를 타고, 퇴근길 스마트폰으로 접한 심각한 갑질 기업 소식에 예약해 놓은 그 회사 제품을 보이콧할 수도 있다. 자기 전에 오늘 하루 동안 걸은 탄소발자국(개인이 직·간접적으로 발생시키는 온실가스, 특히 이산화탄소의 총량)을 계산해 보고 얼마나 큰 피해를 주고 있는지 생각해 볼 수도 있다. 그리고 토요일에 있을 지구촌 전등끄기 캠페인인 어스아워 참여를 고민하면서 잠을 청해볼 수도 있다.

이미 이렇게 생활하는 소비자들도 분명 있을 것이다. 생활의 전부를 꼼꼼하게 ESG에 기여하는 행동으로 채우긴 어렵다 할지라도 작은 변화는 한 걸음 내딛는 것으로 시작할 수 있다. 나의 작은 행동이 하찮게 보일 수도 있지만, 그 작은 변화가 계속해서 이어진다면 세상을 바꿀 수 있다.

먼저 시작한 나의 행동은 다른 사람들의 행동을 바꾸는 계기가 될 수도 있다. 더 나아가 ESG를 외면하고 있는 기업이나 정부·기관들도 각성시킬 수도 있지 않을까? 왜냐하면 우리는 사회적 동물이기 때문이다.

세계 최대 자연보전 캠페인 어스아워(Earth Hour)

참고문헌

Part. 01

- Financial Times, "Rio Tinto's failures show how hard it is to balance competing interests", 2020.09.13.
- FORTUNE 500, https://fortune.com/fortune500/
- Climate Accountability Institute, https://climateaccountability.org/
- https://insideclimatenews.org/book/exxon-the-road-not-taken/
- Debora L. Spar and Jennifer Burns, "Hitting the Wall: Nike and International Labor Practices", Harvard Business School, 2000.01.
- Mark Clifford, "Spring in Their Step", Far Eastern Economic Review 5. 1992; 56-57.
- 정재호 & 장하성, "경제윤리의 관점에서 바라본 자본주의의 미래와 기업의 사회적 책임". 인사조직연구. 제21권, 제3호, pp.35-67, 2013.
- NewYork Times, "A Friedman doctrine - The Social Responsibility Of Business Is to Increase Its Profits", 1970.09.13.
- Freeman, R. E. Strategic management: A stakeholder approach. London: Pitman Publishing, 1984.
- Freeman, R. E., Phillps, R, A. Stakeholder theory: A libertarian defense, Business Ethics Quarterly. 2002; 12(3): 331-349.

- Galbreath, J. ESG in focus: The Australian evidence. Journal of Business Ethics. 2013; 118(3): 529-541.

- 지용빈 & 서영욱. 국내 기업의 ESG활동 인식이 심리적 거리를 통해 구매의도에 미치는 영향: 제품관여도 수준에 따른 차이 분석. 한국콘텐츠학회논문지. 2021; 21(12): 217-237.

- Katsoulakos, P., Koutsodimou, M., Matraga, A., Williams, L. A historic perspective of the CSR movement. CSR Quest Sustainability Framework, 2004; 5: 14-15.

- UN경제사회위원회, "THE RIGHT TO WORK - General comment No. 18". 2006년 2월 6일

- https://www.unpri.org/download?ac=10948

- 중소기업중앙회, "중소기업 ESG 애로조사", 2021.08.30.~09.17. 중소기업 300개사 조사

- 중소벤처기업진흥공단, "中企 ESG 경영 대응 동향 조사 결과와 정책적 시사점", 2021.06.15. ~ 06.18. 중소벤처기업 1,000개사 조사

- 스타트업얼라이언스 & 트와일라잇, 'The Big Wave : ESG, 2021~2022 스타트업 투자사 인식조사 보고서', 스타트업 투자사 122개사 조사

Part. 02

- 강민희 & 이승우. "멀티 페르소나의 사례와 의미: 부캐를 중심으로" 한국문예창작, 2020; 19(2): 124.

- 대한상공회의소, 'ESG경영과 기업의 역할에 대한 국민인식 조사', 2021.05.10.~05.12. 만 20세 이상 일반국민 300명 조사

Part. 04

- 자본시장연구원, "국내 ESG 펀드의 현황 및 특징 분석" http://www.kcmi.re.kr/report/report_view?report_no=1220(2020년 11월 05일)

- 연합뉴스, "600여 개 난립 ESG 지표 혼란 줄인다. 'K-ESG 가이드라인' 발표", https://www.yna.co.kr/view/AKR20211201027100003(2021년 12월 01일).

- p.50   ⓒ네이버 영화, 빅쇼트(The Big Short)(https://movie.naver.com/)
- p.55   ⓒLife, 1996년 6월호
- p.57   ⓒ다음 영화, 더 빅 원(The Big One)(https://movie.daum.net/)
- p.72   (상) ⓒmbc 홈페이지(https://program.imbc.com/hangoutwithyoo)
         (하) ⓒ블리자드 홈페이지(https://www.blizzard.com/ko-kr/)
- p.81   (좌) ⓒ문화역서울 284 홈페이지(www.seoul284.org)
         (우) ⓒ제주맥주(www.jejubeer.co.kr)
- p.110   ⓒ에어버스(Airbus) 홈페이지(www.airbus.com)
- p.120   ⓒSK이노베이션 공식유튜브(www.youtube.com/user/askinnovation)
- p.124   ⓒ네이버 해피빈(https://happybean.naver.com)
- p.127   ⓒLG사이버역사관(www.lghistory.com)
- p.130   ⓒtoogoodtogo.org
- p.133   ⓒhttps://vitalfarms.com/
- p.138   ⓒ노을(주) 홈페이지(https://noul.kr/)
- p.146   ⓒ파타고니아 공식홈페이지(www.patagonia.co.kr)
- p.149   ⓒ오픈바이오닉스 홈페이지(www.openbionics.com)
- p.155   ⓒ산업통상자원부 홈페이지(www.motie.go.kr)
- p.157   ⓒ산림청 홈페이지(www.forest.go.kr)
- p.161   (좌) ⓒGS25 SNS(gs25.gsretail.com)
         (우) ⓒ페미위키(www.femiwiki.com/)
- p.163   ⓒ바이두 홈페이지(https://www.baidu.com/)